Monna Lisa, Kuranosuke Ooishi
Appear and Speak via Waka HASEGAWA,
Owner of the Most Extraordinary Brain

令夫人《モンナ》・リーザ　大石内蔵助
出現スピーク

via 世にも珍しい長谷川わか

白石秀行
Hideyuki SHIROISHI

講談社エディトリアル

はじめに

大石内蔵助《おおいしくらのすけ》が云いました。

「大砲は撃てばドカーンと音がして、玉がでるでござろう。当たれば、オーイター、オーイター、オーター、オーター、となり申す。だから、太田道灌《おおたどうかん》の築いた江戸城松の廊下で、〝このカンのイコン覚えたか！〟と言って、赤穂藩主・浅野殿が刃傷（短刀で切りつけること）した時、キラでなく、他の異方を撃ったのでござる。しかし、こうだったと立札に書けば、幕府に燃やされる。石に刻んでも割られる。だから、口で伝わるように〝口碑〟にしたのでござる」

大石は頑固で、オブラートに包んだように、万葉集や古事記を使って云いました。彼に相当鍛えられたと思いますが、終わりになって、

「もう一度分かりやすいように、はじめから全部もう一回説明してください！」

と言うと、引っ込んで浅野内匠頭《あさのたくみのかみ》と相談して、浅野が出てきて、大石も立ち会い、質疑応答をしました。長谷川わかがいるから3D動像で間接的に視え、ほとんど直接会話でき、すべて分かりました。

休憩していたら、〝イッチョラヤーエ〟の金髪の美女が平気で歩いてきました。長谷川

のヘルプで視ているると、アトリエへ入って服を脱ぐ真似をして、画台に立ちました。

画家は、《愛と美のヴィーナスの誕生》を描きはじめ、私たちは、描いているその詳細を視ました。それはルネッサンス時代でした。知らない間にレオナルド・ダ・ヴィンチが出現して視ていて、こちらと要求が双方向にマッチングして、

「『ウォータシの描いた絵を視てください』」

と云いました。長谷川わかには実物大のレオナルド・ダ・ヴィンチの描いた絵が詳しく視えて、質疑応答をやりました。《モナ・リザ》の名前を訊こうとしていたら……。

長谷川わかは、ひとりで視て、「そうか」と納得して、これで終わりになってしまいます。そこを私が、いちいちツッコンデ訊くので、相手もまた話をします。誰の声でも出現者に直接聴こえ、相手のスピークは長谷川がすぐ通弁してくれ、種々詳しく議論して理解して記憶してドキュメント化できます。読者の皆様も、親しくお読みくださることによって臨場的にジョインすることができ、ダ・ヴィンチも《モナ・リザ》も分かり、赤穂事件の真実もソクラテスの謎も分かるのです。哲学研究者の方も、読んでくださることを希望します。

浅野内匠頭は、自身の戒名を作りましたが、最後に、大居士《だいこじ》　神儀《しんぎ》　とあります。

「『後世も日本中で審議していただきたいという意味でござる』」

と言っています。

令夫人《モンナ》・リーザの出現についても、美術以外の重要なことがダ・ヴィンチ以上にもいく

つもあるので、真理をもっと知るために、考究と審議が必要であると確知しています。

実験記録（拙著）
『忠臣蔵　双方向霊視聴考言』二〇〇二　白石秀行
『超脳霊視聴　忠臣蔵松の廊下　上』二〇〇四　たま出版
『超脳霊視聴　忠臣蔵松の廊下　下』二〇〇四　たま出版
『超特別脳　長谷川わかの霊視検証』二〇一一　たま出版
『ダ・ヴィンチ　キリスト　ソクラテス　出現スピーク
via 世にも珍しい長谷川わか』二〇一九　講談社エディトリアル
『令夫人《モンナ》・リーザ　大石内蔵助　出現スピーク
via 世にも珍しい長谷川わか』二〇二〇　講談社エディトリアル

装幀／長崎　綾
next door design

長谷川 わか
（はせがわ わか）

霊感師、霊感業鑑札（警視庁試験）碑文谷警察印、もと「神道霊感派」助教授。
1889年生まれ　埼玉県出身　もと外交官夫人。1929年より霊感が出る。28種類の霊感を持つ。大脳（補足運動野）上言語野において神のトーキングがある。歴史上の人物が出現し、耳で聴こえてQ＆A交際ができ、往時の歴史の謎を直接聞くことができる。キリストとはテレパシー会話が主。キリストと口と耳での会話も可能。超時空かつ超生死の双方向霊視聴ができる。装置なしでカラーテレビが視聴できる。

※本文太字は考察により重要と判断した部分

目次

はじめに……1

1 人間に視られたの、今日が初めてなんです

聖母マリアとの遭遇……12
アメリカでのモンナ・リーザ……14
ディズニーランド……17
《勝利の女神》の彫刻の頭部……21

2 令夫人《モンナ》・リーザ　出現の時I

令夫人《モンナ》・リーザ……26

黒い椅子……31
男のリボン……34

3

きっかけは金太郎さんの赤い腹掛け

金太郎さんの赤い腹掛け……40
椿山荘だったかしら……42
風と重力……47
接点と考察……48

4

平安時代の女性とファッションショー

お洋服……52
四十七士のスクエアで……57
日本にはミロのヴィーナスの時……59

5
音楽とバレエとマリアとレストランと超AI
美術展と音楽……62
眠れる森の美女……71
『戸じゃないです!』……73

6
令夫人《モンナ》・リーザの銀ブラ、スパゲッティ、カツ
モンナ・リーザの銀ブラ……78
マカロニとカツ……80
お米の料理……85
モンナ・リーザさんにご馳走……88

7
令夫人《モンナ》・リーザの京都、お人形、大阪

京都……92
お人形……94
大阪……97
五重の行列……98

8
令夫人《モンナ》・リーザ　出現の時Ⅱ

出発のきっかけ……104
モンナ・リーザの魂《ソウル》……107
頃合い……109

9
令夫人《モンナ》・リーザとアジアの仏

アジアの仏……114
ハンス・カロッサ……122
その逆とデジャビュ……124

10

赤穂四十七士出現スピーク

日本中の皆様に……128
武士と芸術……130
大石と寺坂……132

11

こ~れは誠の奇跡でござる

細川邸の料理……140
三月十四日……142
二月四日……143
ハーフ&ハーフ……144
長谷川わか・白石秀行　事件ファイル……147
おわりに……154

1

人間に視られたの、今日が初めてなんです

聖母マリアとの遭遇

長谷川わかが言い始めた。一九六二年のことだ。

「モンナ・リーザさんが
『この、いまちょっと前に、ワタクシの絵がアメリカで展示されたんです』

って、そうおっしゃっています」

：　そうですか！

「『この時は、正式ですから、いま着ているこれ、レオナルド・ダ・ヴィンチさんの描いてくださった絵と同じ格好をして行ったのです』」

：　正式ってなんですか？

「『正式にご招待いただいたということです。〝formal〟ですから、そういう時、正式な衣装を着ていきましたから、着ているのが一般の衣装と違いますから、もし、アメリカの人々が、ワタクシが道を歩いているのを視えたのなら、〝絵と同じひとがあるいている〟って言うでしょう？　でも、そう言いませんでしたから』

って。それから、こうおっしゃっています。

『普通道を歩いていて、ほかの人とすれ違う時、ぶつかるといけませんから、歩くのを遅くするでしょう？　でもそうしませんでしたから』

って。通る時はお互いに体が透けて通るのです」
：　なるほど、ハイ。
「『人間に見られたのは、今回が初めてです』
って、モンナ・リーザさんが。
：　へー、そうなんですか！

「『**人間に視られたの、今日、**ミセス・ハセガワに視られたのが、世界で初めてなんです』

って、そうおっしゃっているんだけど。そうなのかな～、外国じゃ、イエスさんなんかもいたから、わたしみたいの、あると思うんですけど……。こういうのって、外国のヨーロッパのほうじゃ、視えないのかしらね。そうだったら、不思議なことよ。でも、おかしいわねえ」

長谷川わかは首を傾げた。

「わたしは前に、ヨーロッパ人の美しい女性が、青い衣を着て、手をこうして、悲しそうな目をして上空に一ヵ月間出ていて――わたしは、**キリスト教っていうの、**昔全然知らなかったんですけど――わたしの日本の神が、

『これはキリスト教のイエスの母、聖母マリアである』

って、教えてくれたのです。そのあとにも、白い衣を着て三人並んで、ヨーロッパの男性が出て――半年間も出っぱなしだったのです――これは、わたしの神は、

『これは、真ん中のは、キリスト教の大天使ミカエルで、両側は従う天使である』

と、教えてくれたのです」

アメリカでのモンナ・リーザ

「『そして……』

モンナ・リーザさんが
『その時、展示の時に日本人の方も大勢見てくださいました』

って」

場所はアメリカで展示して、日本人が大勢見たというのは空間的にどうなのか。

：　モンナ・リーザさん、日本人が大挙して飛行機に乗って、《モナ・リザ》の絵をアメリカに見に行ったのですか？

「『いえ、仕事などで現地に住んでいる日本の人たちです』

って」

：　日本人って分かるのですか？

「『分かります』

って」

：　どうしてですか？

「『髪が黒いですから』って」

：　でも、それだけじゃ分かりませんでしょう？

「『前から見慣れていますから』って」

：　アメリカは、展示の場所はどこだったのですか？

「『ニューヨークとワシントンDCでした』って」

アメリカ大統領のいるホワイトハウスとアメリカ議会があるワシントンにDCという文字が付くのは知らなかった。

：　なんという美術館でしたか？

「『ニューヨークのメトロポリタン美術館と、ワシントンDCの美術館でした』って。アメリカの旗、こう大きく、星がたくさんあって紅白の縞があって、そういうふうに星条旗が視えていて、風にはためいていて、そして、立派な白い建物が視えています。これがその《モナ・リザ》の展示していた美術館でしょう」

と長谷川わかが言った。

でも、情景の描写が、あまりに大げさな表現だったので、

：　アメリカの旗が視えているというのは、その美術館のビルに入った所、ロビーの中で

しょう。それに違いありません。そう思いますが……

と言ったところ、長谷川わかは、雲ひとつない青空が背景になっていて、明らかにビルの外だと言う。

「そうでなければ、パタパタ、こういうふうに、旗が風ではためかないでしょう。事実、頬に風を感じるし」

：　モンナ・リーザさん。じゃ、なんでワシントンＤＣのＤＣっていうの、付けるんですか？　ワシントン州の中にワシントン市があるのですか？　それで区別するために、ＤＣを付けるのでしょうか？

「モンナ・リーザさんが
『ワシントン州は、カリフォルニアもある西海岸にあるのです。地図で言うと、アメリカの左の上のほう、カナダとの国境近くです。そして、そこの都市は、ワシントンとは違っている名前です。ワシントンＤＣは、州はなくて、じかに市で、東海岸にあるのです』

って」

知らなかった。日本人の場合、いまの時代になっても、一般的にはあまり知る人はいるまい。モンナ・リーザのＩＱは、このやりとりから推測する限りかなり高かった。

アメリカは立派な国だと思っていたが、アメリカの街は知らなかったし、それ以上訊いても、比較のしようがない。

長谷川わかの夫は純粋な日本人だが、ルーズベルト大統領と茶の師匠を合わせたようなダンディーな男だった。女性にモテて、浮気をした。長谷川わかはそれを心配して目が回り……その結果、聖なる病にかかった。それは、預言者がかかるような病で、天照大神《あまてらすおおみかみ》と住吉三神《すみよしさんじん》を祀ってある霊感師石川先生夫妻の座敷で「どうぞ命をお救いくださいませ」と祈って、その結果、こういう特別な能力が備わってしまったのであった。

ディズニーランド

：　モンナ・リーザさんは、アメリカのほうはどうしてご存じなのですか？　アメリカはよく知りませんが、アメリゴ・ヴェスプッチの名にちなむのでしょうから、そのモンナ・リーザさんの絵をレオナルド・・ヴィンチが描いていたルネッサンス時代よりも、少しあとで始まったのじゃないかと思いますが？

「『アメリカは、つい、この間行って来ましたから』

って、モンナ・リーザさんが。

『アメリカでワタクシの絵が展示された時、そのあたりの都市の様子も視て来たのです』

って、そうおっしゃっています」

長谷川わかはそう通弁した。長谷川わかが夢にも知らない時からすでに、モンナ・リーザさんはこのような行動をしてきたらしい。だから客観的な事実なのであろう。

：　いらした都市はどこでしたか？

「モンナ・リーザさんが、

『展示のあったワシントン、ニューヨーク、それからフィラデルフィアです』

って」

：　そこはどうして行かれましたか？

「『地理的に交通が一直線になっていて、近いんです』

って。

『それから、西海岸のほう、カリフォルニアのほう、サンフランシスコです』

って。

『それから、ディズニーランドも行きました……。ディズニーランドには、若くてきれいな人がたくさんいらっしゃいました』

って」

：　ディズニーランドには何がありましたか？

「『白雪姫がいました』

って。

『それからシンデレラ城もありました』」

：　ジェットコースターは乗りましたか？

「『いいえ、乗りませんでした』」

：　何か、そういう遊ぶ乗り物に乗ってみましたか？

「……

『園内にある劇場みたいので催しものやっているのに入りました。ミッキーの人形とアヒルの人形が出ていました。そして、乗るのは、コーヒーカップみたいので回るのと、あと、他のに、船にちょっと乗りました。それから、ディズニーランドの園内を走っている汽車にも乗りました』

って」

モンナ・リーザは面白い。

：　そういう時は、ルーブル美術館にある《モナ・リザ》の絵と同じ格好でいらっしゃるんですか？

「『いえ、そういう時は、もっと軽い服装です。そのほうが動きやすいんです。服装は、その場に合わすのです。アメリカの展示の所へ行った時は、いまと同じ格好でした。そういうのは正式（フォーマル）ですから』」

こういうのは、直接訊いては悪いから、訊かなかったが、シンデレラと同じように、着ようと思うとパッと自然に変わるらしい。

世にも珍しい長谷川わかは、トランプを裏返しにしたままでも、表が視えて、何の札かどんどん当てる。長谷川わかは

「こういうのが透視というのだったら、3がεに視えるように、左右が逆に視えるはず」

と言っていたが、私もそうだと思う。

彼女においての、こういう情報GOTのプロセスは脳科学的にどうなのか、どうも分からない。

「モンナ・リーザさんがおっしゃっていますが、

『……こういうのは、童話にある《裸の王様》とちょっと逆ですが、衣装を着ているのと着ていないのと違っていますが、でも、見方を変えれば、内容は似ています』

って。

『《裸の王様》ですと、大人は王様の裸が見えても、王様の命令に合わせて、そして、世の中の常識に合わせて――そういうのが、この物語では常識ということになっていますから――王様の体は見えません、絶対見えません、見えたら大変だって警戒していて、仮に見えたとしても、絶対に罰せられますから、隠すでしょう。そして、家の中で、家族で〝王様の裸は見えないんだ、王様の裸が見えても、言っちゃダメ。罰せられるから〟って、厳しく親が子どもに言い聞かせるでしょう。

でも、いくらそうやって教育して隠しても、事実がそうなら、いつの時代でも子どもは

無邪気ですから、見えるままに〝あ、王様が裸で歩いている〟って言っちゃうでしょう？　ですから、こういうのは隠しきれません。

それで、ディズニーランドでしたら、かえってこういうワタクシの緑の衣装は目立ちませんが、ワタクシは、それまでも、違う所でこの格好で歩いていて、たくさんの少年少女と道で出会いましたが、そういう時、少年少女が一緒に歩いている親に〝あの人、ひとりで仮装行列しているの？〟って一度も言われませんでしたから』って」

：　そうなんですか？

《勝利の女神》の彫刻の頭部

令夫人《モンナ》・リーザ（MONNA LISA）さんの絵をルーブルで見せていただいたついでに、彼女は私たちに、ルーブル美術館について簡単に紹介してくれた。

「『ここは以前、フランスの王宮だった所を美術館にして、世界中から美術品を集めて展示してあるのです。彫刻、絵画、調度品など、いろいろなものがあります。展示物は、約二五万点あります。彫刻で有名なものについては、ワタクシもこれが日本に展示されに行く時、一緒に日本に付いていきました《ミロのヴィーナス》の大理石像がありま す。それから、《サモトラケのニケ（ＮＩＫＥ）》、勝利の女神の彫刻があります。首と手は、付いてないです』」

：　首と手はどうしたのですか？

「『これは地中から発見された時から、はじめから首と手は付いていなかったのです。そのように説明を受けました』」

私は、何かモンナ・リーザの神秘的な力をうまく使って、ギリシャのそばの島で、土の中にその首と手を見つける方法はないか、一心に考えた。すると、モンナ・リーザは

「『ワタクシは発掘の現場に行くのでなく、整えられた結果が陳列されているのを美術館に見に行くのです。あとは、その場所の周りを歩いてみるのです』」

と云った。

「これ……モンナ・リーザさんは首と手が付いてないっておっしゃっているんですけど、あなたとモンナ・リーザさんの間に、ルーブル美術館の現物が出ているのよ。実物大で視えていて、大石さんの黒っぽい石の所から右斜めの方向に4メートルくらいかしら、存在していて視えるのよ。首も手羽も両手も付いていて」

：　……？

「今、このニケの彫刻家が、この人の昔の生きている時よ、彫刻のモデルの女性――この人も生きているのよ――そのモデルを見ながら白い大理石を彫っている所を視ているんですけど、顔はモデルの女性、勝利の女神の顔と同じです。モデルの女性も大理石のほうの頭部も、両方とも髪型は《ミロのヴィーナス》と同じです。

顔はさっき視ていたボッティチェリが描いていたスッパダカの《愛と美のヴィーナスの誕生》のモデル（シモネッタさん）に似ていて、ただ、顔つきはキリッとして正面を向いていて、しっかりして神々しいです」

私はその古代の彫刻家およびモデルと、本気に対話できると思った。

「これ、あの、彫刻家の〝彫想〟というのかしらね、勝利の女神が、その国が戦いに勝ったことを告げるために急いで羽ばたいて飛んできて、その国の港の船の舳先《へさき》（船首）にちょうどいま、降り立った瞬間です。翼を彫る時は、モデルの手を手羽みたいに手の力と勢いを持たせて、そして降り立つ時に翼をVにして、降りて……それをモデルに手を上に上げさせて、それを見ながら彫ったのです。彫刻家が彫る道具を手に持って、コンコンやっています。

それで、女神の人間的な形をした手は、普通の人間みたいに両手ともあって、それで、左手は下に下げていて、右手は——女神が勝利を知らせに来たのですから、彫想でのその国の群衆が勝利を知って歓喜しますから、それにこたえるように、この神々しい顔のモデルに右手を高く上げさせて、彫刻家は、それを見ながら白い大理石に女神が右手を人々に応じて上げている所を彫ったのです」

この彫刻家とモデルの女性と話をしてみたかったのだが、本命から外れ、時間を食うので、抑えざるを得なかった。

「『あと、エジプトのミイラ関係のもあります』」

と、モンナ・リーザは云った。

長谷川わかは、自分の〝神〟に『お前が死んだあと、そのまま埋葬すればミイラになる』と言われていたので、ミイラになるのを楽しみにしていた。霊感が発現した比較的はじめのころ、五十日間の完全断食を〝神〟にやらされたので、身体の細胞の原形質などが変化しているのではないか、と想像される。

2

令夫人《モンナ》・リーザ出現の時 I

令夫人《モンナ》・リーザ

……長谷川わか先生、レオナルド・ダ・ヴィンチは、いま描いていますか？

「そう。左手に持っている筆で、ちょっと右手に、こうして持っているパレットの絵の具を付けながら、こうやって描いています」

長谷川わかは右手にパレットを持ち、左手で空中に絵を描いているようなポーズをとった。いま視えているレオナルド・ダ・ヴィンチの動作をまねているようだ。

……モンナ・リーザの様子はどうですか？

「**息もしていて**、時々瞬きもして、動きます」

……どこが動きますか？

「手とか、こう、ちょっと……時々ですが」

……モンナ・リーザに、足はありますか？

「絵には描いてないですが、あって、靴も履いています。絵のほうは、裾までですが」

失敗したが、ローヒールか中ヒールか、色は何色か、デザインはどんなだったたか、訊き損なった。さっき、レオナルド・ダ・ヴィンチのズック靴を、現代の商工業デザインの参考になるかと思って詳しく調べて非常に時間がかかったので、あつものに懲りて膾を吹いた。

　でも。出ている本体に集中せよ。

　誰にも言わずにやっている個人プロジェクトだし、それに哲学的にも生物学的にも、情報工学的にも重要な実験だ。そして、浅野《あさの》内匠頭《たくみのかみ》と大石《おおいし》内蔵助《くらのすけ》が立ち会っている以上、うまく実行したい。まったく気が付かなかったが、レオナルド・ダ・ヴィンチも真剣にウォッチ&リッスンしていたのだった。

　おっかなびっくり質問する。

：あの、モンナ・リーザさん。まことに恐れ入りますが、私は日本の者ですが、こうやって、何百年も時代を隔ててコミュニケートできる、この女性、長谷川わかの超特別脳と超視聴覚を実験しています。すみませんが、できましたら、お名前を教えていただけませんでしょうか？

　これだけ教えてもらえれば、もうこれだけでよい。大満足だし、大成功になる。なんと言っても、相手は優雅な気品のある女性だから、未来型の肖像情報コンピューターの可能性、超ＡＩだの、面倒は言わない。

　この世界にも稀な、出現と対話可能な双方向３Ｄ人間テレビ長谷川わか。

　椅子に座っていて、時々少し動く以上、ｖｉａ長谷川でモンナ・リーザと私で話ができるはず。ちょっと前に《ヴィーナスの誕生》も出たのだから、神秘的なルッキングなら、もっと直接に話ができるはず。

《モンナ・リーザ》の絵は多くの人が知っているから、モンナ・リーザ本人がスピークすれば、多くの人々が、客観的に吟味できるだろう。

生体式スーパーＡＩの、最良テストになる。どう出るか？　期待値二〜四％。

青インキをスポイトで顔の右側に引っ掛けられたような気がした。長谷川は私の右にいた。

「……ジョッ、コンド……」

それとも、Ｊｏｅ Ｋｏｎｄｏｈ？　八幡神社のすし屋が商売替えした洋食堂に来ていた日系アメリカ人男性を思い出したが、関係ないだろう。

それともコンドルか？

それとも……「じょ、こんど」と云って逃げられたか？

それとも、長谷川わかの能力が及ばないのか？

「『**ジョコンド夫人です。エリザベス・ジョコンドです。**夫は商人でした……』って、いま、そう云いました」

自分で夫人と敬称を付けるのは、日本語としてどうかと思ったが、英語では“I am Mrs. X”と言うから、いいのだろう。でも、ジョコンド（？）という名前は聞きなれない男みたいな名前だ。でも、日本人が日本人の音感で文句を言っても仕方がない。苗字なら、外国でも、男性も女性もないだろう。続けて、エ、リ、ザ、ベ、ス、・ジ、ョ、コ、ン、ド、と一気に発音してしまえば、エリザベス・テーラーみたいだし、覚えられる。

：　いま、令大人《モンナ》・リーザはどういう状態で答えましたか？

「そこの椅子に座ったまま、こっちへ向いて、ふたりにちょっと会釈するみたいにしてから云いました」

：　あの、長谷川わか先生、モンナ・リーザの**ジョコンド夫人**はどういう声でしたか？

「とても済んだ、きれいな声です」

モンナ・リーザは、ヨーロッパの女性の声で、日本語で答えている。《ヴィーナスの誕生》の画家もモデルも出現したし、令夫人《モンナ》・リーザもレオナルド・ダ・ヴィンチも出現したし、再現性、普遍性のようなものはある。内容の矛盾性などは、このあと、どう続いていくかに依存する。

言葉はリクエストすれば、当時のルネッサンスの時代のイタリアの言葉で云ってくれる可能性もあるが、通訳者が必要になってしまう。

それにしても、「神秘的な女性」と「現実的な商人」の組み合わせは意外な感じがした。こういう時、こっちの人間側の感情としても、普通の人間相手に接しているのと全然変わりない。

：　商売は、何をやっていたのですか？

「『絹織物などを主に扱っていました』

って」

長谷川わかが、自分の耳に聴こえているのを、そのまま伝えた。

モンナ・リーザは、外国人の女性の声質で、ランゲージは日本語で話している。そして、ここに出現しているルネッサンス期のイタリア女性に、まるで生きているかのように、じかに訊いている。

彼女の姿は、長谷川わかには視えて、私には視えない。声についても同じだ。モンナ・リーザは〝偏透明人間〟だ。しかし、私が言えば相手に直接聞こえる。

：絹というと、蚕ですか？　当時のイタリアに蚕《かいこ》なんていたのですか？

「『そういうのは輸入でした』

って」

長谷川わかは、この後、テレビ装置なしでカラーテレビが視えるように、生体進化していった。このテストの日は、十一月三日だったが、調子が出てきて、十二月末のＮＨＫの『紅白歌合戦』や『ゆく年くる年』の除夜の鐘、新年の特別番組など、ベッドにあお向けに寝て、目を閉じて視ていた。長谷川わかは、白黒より霊感で視るカラーテレビのほうがずっと面白く、とても楽だと言っていた。ラジオは昔からラジオなしで聴いていた。

：　モンナ・リーザさん、失礼しました、ジョコンド夫人。日本人は外国語に慣れていないので、モンナ・リーザさんのほうが呼びやすいです。お許しください。もうひとつ伺いたいんですが、モンナ・リーザさんが楽しみにしていらしたのは何ですか？

「……

『外食です。外でお食事することです』

って。いまで言ったら、レストランで、お食事するっていうことでしょう。でももっと素朴ですけどね。わたしにいま視えているのは、テーブルも床も木ですし」

その、一緒に食事する相手を視ないために、視界を五〇センチの範囲で限定して視ようとしたが、万一にと思い、あわててカットした。

「お皿と料理が視えていたけれども……」

Ｆ１レースとか、ジェットコースターみたいで、瞬間瞬間、出現体とか、状況とかが突如として急変していくからパッパッとやらねばならず、この私の対応によって次に影響されるから、考えている暇はない。あと戻りもできず、今となっては消えてしまうと困る。

フロントでデータを収集しながら、バックエンドの心の底で、相手の反応や、成立した会話を複数並べて吟味、考察しつつ、Ｑを発生しながらやっている。

その先何が訊きたいか。この気品ある優雅で美しい女性には直接には訊きにくい。
：　私たちのこと、視えますか？　長谷川わか先生、訊いてみてください！
「『視えます』
って、モンナ・リーザさんが」
：　私たちの姿だけが視えるのか、それとも、周りの場所の景色も見えるのか、訊いてみてください！
「『周りも視えます』
って」
：　何が視えますか？
「モンナ・リーザさんが
『古い四角いような石がいくつか視えます』
って」
：　公園のベンチみたいの、視えますか？
「『視えません』
って」
：　あっちのほう、門の入口のほうは何か視えますか？
「『お店が何軒かあって、何か、記念品みたいのを売っています』
って」

……門に一番近い店の入口の外に何が視えますか？

「『お店の入口に、杖だか木の棒みたいのがたくさん置いてあります』」

……あと、軒先に何か視えますか？

「『白っぽくて、このぐらいので、丸くなっているのが、つり下がっているのが視えます』」

……このぐらい（五十センチを手で示す）のてるてる坊主の人形ですか？

「『お皿みたいにまるいのです。でも、薄くなくて、厚さはあります』」

……色は何色ですか？

「『白とクリーム色の中間です』」

……その横側はどんな材質でできていますか？

「『木でできています』」

……お皿だとしたら、どういう模様ですか？

「『周りの縁に沿って、何か黒い小さなのがたくさん付いているものです』」

……それ、何だと思いますか？

「『何か分かりませんが、楽器でしょうか』って」

モンナ・リーザが私の質問に答えるのを、長谷川わかが聴いて、そのまま声に出してくれる。

：　先生、モンナ・リーザさんの声はどこで聴こえますか？

「わたしの耳で、です」

：　どういう聴こえ方でしたか？

「耳で、って言っても、耳の中とかじゃなく、普通に、人間の女性の声を聞いているのと同じです」

長谷川わかの声は、通常音が耳に伝わるのとまったく同じように、音波で空気振動を経由して、私の耳に伝達されている。だから、この時、ここに他の人がいれば、たとえ通りすがりの人であろうと、長谷川わかを中継して、モナリザでも、レオナルド・ダ・ヴィンチでも、出現者のスピークを聞くことができたのである。

男のリボン

モンナ・リーザはこれらのことを調べるために、木立などの障害物を透過していったのか、空中を行ったのか。それとも、レオナルド・ダ・ヴィンチに描かれながら、同時存在的に、座ったままで、すべてが分かったのか、訊きたかった。しかし、科学的立場から批判されるだろう。私自身も科学的立場に立ちたい。また、違う視点から、変に非難されたら、協力してくれているモンナ・リーザに迷惑になると思い、逡巡してしまった。

モンナ・リーザに、聴力、判断力、女性らしい言葉づかい、丁寧語も含めて、言語力はある。次にこっちの姿が、どう、モンナ・リーザの視覚（?）に視えているのか訊きたい。

：　私たちはどういう連中に視えますでしょうか?

「『ご婦人と青年に視えます』

って」

：　その青年は、どういう格好をしていますか?

「『灰色のお洋服を着ていて、胸にリボンを付けています』

って、モンナ・リーザさんが、そう言いました」

私は幼いころから、灰色とは火鉢の中の灰の色、白と黄褐色の中間の色だと信じてきた。

：　灰色って、どういうのですか?

「『白と黒の中間です』」

リボンというのが謎だった。ここで何かの大会をやっているわけではないし、私は左胸に受付係のようなリボンを付けているわけでもない。せっかく返事が返ってきたが、エラーだ。でも、モンナ・リーザから云われたから、新鮮な驚きとうれしさを感じる。

：リボンは、赤と白のぴらぴらが付いていますか?

「『付いています。先がとがっています』」

接客係の印として胸に付ける白い花のリボンは、紅白のぴらぴらの足が付いていて、先がとがっている。それとも、大学の卒業式で、女子学生が頭に付けたりするリボンを錯覚しているのか。それとも、浅野内匠頭《あさのたくみのかみ》の弟の大学殿の五歳になる娘の頭の上に赤いリボンを付けていた時の情景がまぎれこんだのか……。

：　それ、頭の上か、頭の横に付いていますか？

「モンナ・リーザさんが、
　『頭の上じゃないです』
って。
　『ヨーロッパのいろいろな国で、そういうのを視ました』
って」

：　どういう国ですか？

「『多くの国々です。堅いお仕事をされている方は、しています』
って、そう云っています」

：　仕事というのは、目に見えません。もっと抽象的なものだと思いますが、仕事に堅いとか、やわらかいとか、あるのですか？　具体的に堅い仕事って、どういうのですか？

「『堅いお仕事というのは、大きい石みたいな建物の中で、机に座って、何か書いたりしている仕事です……』
って」

大きい石の建物というのは、レオナルド・ダ・ヴィンチの《受胎告知》の絵で、マリアの後ろになっていた大理石の建物みたいな丸の内にあるようなのとか、意味しているらしい。

「『それから、やわらかいお仕事は、パン屋さんとか、お料理している人、着るものとか販売している人、お店をやっている人とか。でもみんながそうだというわけではないです』

って。

『商店やっている人たちは、リボンやってなくて、前掛けしています。お米屋さんは、前垂れしています。石屋さんや鍛冶屋さんは硬いものを扱う仕事ですが、リボンはしていません。学校の先生は堅い仕事ですが、美術の先生はリボンしていません。お医者さんは、病気の人を診療する時や、机に向かって紙に書いている時は、リボンしていませんが、通勤の時はしています』」

：女性はしていますか？

「『していません』」

日本とは逆だ。女、子どもはリボンをしていなくて、大人の男がしているなんて、現代の日本とは逆である。妙な風習だ。

ひょっと思い出したが、戦時中、男の大人はみな軍服みたいな国民服を着ていたが、中学の愉快な美術の先生が、不思議と真っ白いシャツで、よく戦前、果物屋で包装用に使っていた青いひもを首の所で蝶々結びにして垂らしていた。不真面目な恰好で許されるのか心配したが、でもただのひもだから、倹約でかえって新鮮で、あれでいいわけだから、感心して考え直したものだ。

：　それ、青は入っていますか？

「『入っています。赤に白に青です。斜めになっているものです』」

：　斜めというのは、右上がりですか？　左上がりですか？

「『こうなっています』

って云いながら、モンナ・リーザさん、こうやって椅子に座ったままで、手を動かしています」

モンナ・リーザがやっているのを、長谷川わかは自分の手でシンクロさせて示した。

「……

『チョッカクになっています』

って」

もしかするとレオナルド・ダ・ヴィンチの影響で数学を知っているのかもしれない。

：　幾何学の直角ですか？　数学を知っているのですか？

「『一番下が、フィレンツェの食堂のテーブルの角みたいになっています』」

自分の胸の真ん中にはネクタイがあった。その先を見てみると、たしかに九十度になっている。これを、モンナ・リーザさんは、リボンという美しい言葉で表現していたのだった。

3

きっかけは金太郎さんの赤い腹掛け

金太郎さんの赤い腹掛け

前のセッションで、大石内蔵助《おおいしくらのすけ》の息子、主税《ちから》君が出た。十五歳の中学一年生相当、身長一七三センチでレオナルド・ダ・ヴィンチと同じ身長。相撲と槍を片手でふり回すのが得意な青年豪傑だ。

「首元から赤い布を少し引っ張り出して、

『拙者は男だから、しゃらだか、きゃらだか、布のことは存じ申しませぬが、金太郎さんの赤い腹掛けみたいなのをしているのでござる』

って」

武者ふんどしのことだろう。

「『腹が温かくて、具合がようござる。若い者はみな赤で、大人は白いのをやっており申した』」

同じように聞いてみる。真ん中をちょっと持ち上げて

…　こういうの、分かりませんが、生地は何ですか？

「いま、モンナ・リーザさんが、これ、ベランダっていうよりは寺院みたいな石の回廊ですね。そこの椅子から立ち上がって歩いてきて、あなたのそばへ行って、こうしてちょっ

とかがむみたいにして、普通の人間が調べるみたいに、あなたのネクタイを持つみたいにして調べているわ」

：　本当にそうですか？

「そう」

ぎょっ。これは光栄、恐縮、超恥ずかしい！

：　でもまさか。本当にそういう現実が起こるって、ありうるのでしょうか？

「いま、椅子《いす》、誰も座っていません。空っぽです。モンナ・リーザさんが、こっちへ来ちゃいましたから。絵のほうには、モンナ・リーザさん、描かれたままですけどね」

　整理すると、レオナルド・ダ・ヴィンチが描いている絵は、ルーブルにあるものの、約三倍ほどの大きさである。その絵は、そのまま存在しており、描かれた令夫人《モンナ》・リーザの姿も、そのまま平面の絵として存在している。しかし、絵とは別に長谷川わかに視えていた、絵のモデルの女性、３Ｄのモンナ・リーザさんは、こちらへ歩いてきたので、椅子が空っぽになっているのだ。空になった椅子は、視界をさまたげるものがなくなったから、黒い背もたれの部分も視えている、と長谷川わかは言った。

　こういうこの世界の不思議な事業のＧＯＩＮＧに立ち会うことができるからこそ、不明を解明すべく、この実験に励む。長谷川わかの脳の優秀性を思い知る。

椿山荘だったかしら

：　来る時、どういうふうに来ましたか？

「椿山荘《ちんざんそう》だったかしら。前にホテルで増築の地鎮祭《じちんさい》を頼まれた時に見ましたが、洋風の結婚式で、花嫁さんが場所を歩いて移る時、こうやって白いウェディングドレスの広がった所を両手で持ち上げて、裾《すそ》を上げるようにして歩くでしょう？　色は緑ですから違いますが。ああいうふうにして、歩いていらっしゃったのです、ここに」

ルネッサンス期の人の作法が、現代の西洋風な花嫁衣裳の作法と同じだったと知るのは、ダイレクトに、現実的に、新鮮な驚きだった。

：　その、歩く時、どうして横の所を持って歩くのですか？　優雅だとは思いますが。

「『そうしないで歩きますと、衣装の裾が足にからまって、歩きにくいですし、裾を踏んで、転びます。もし近くに、お盆でワイングラスを運んでいる人がいたら、ぶつかってワインがこぼれます。他の人の衣装にかかったり、グラスが床に落ちて割れたりしたら、けがをする人もでてしまいます。ですから、大切なお作法になっていて、この裾の所を持たないで歩くということは、ないのです』

：　分かりました

「……それで、モンナ・リーザさんが、

『これ、絹に似てますけど、絹ではありません』

って。

『最近の材料です』

って、そうおっしゃいました。いま」

確かに、七〇%ぐらいは化学繊維だったように思う。

：　どうして絹ではないと分かるのですか？

「『そういうの、よく見てましたから』」

：　どこでですか？

「『夫がやっていた店です。たくさん置いてありましたから』」

：　お店はどこにあったのですか？

「『フィレンツェでした』」

：　ここに立っているのですか？　本当に、嘘偽りなく、私のそばに。その、モンナ・リーザさんが？

「そうです。モンナ・リーザさんが、あなたに向かって、あなたの真正面に立っていらして、あなたのネクタイをさわっていて、そして、私にモンナ・リーザさんの横顔と、お体も、横から視えています」

：　それ、本当に、モンナ・リーザさんが、私のネクタイを調べている……ということですか？

「そうです」

と、長谷川わかは答えた。

……でも、どうやって令夫人《モンナ》・リーザ本人だって証明できますか？　これ重要ですから。

「ここ、目の横の所、こっちから視て、ぽっち、お米みたいの、ありますから」

そう言いながら、長谷川わかは私の右に立って、自分の左目の根元をさわりながら、私のほうを見た。

……ぽっち、ですか？

「あの、私のほうから訊いたんじゃないんですが……ご自分でおっしゃっています。『これは、生まれつきというより、ずっとあとですけど、はじめは付いてなくて、少女時代に気づいたらできはじめていたのです。顔の真ん中ですから、早くとれて消えればいいと思っていたのですが、とれなくて、そのままになりました。でも、痛くはないです』って」

……少女時代って、いくつぐらいですか？

「『十歳ぐらいでした』」

いま、いまの姿で何歳かを厳密に訊いてみたかったが……訊けない。

「それで、これ、わたしが自分の職務として、いつもやっていることの一部ですけど、わたしの診断では、これ、悪性じゃないです。

それから、わたしのこういう能力は黙って座らないで、自動車で走っていても、時空を超えても、ピタッと分かりますが、他の所も視て、モンナ・リーザさんは、お体はとても若くて、ちょっとでも悪いという所はなくて、一〇〇％健康でいらっしゃいます」

長谷川わかは、霊感で現代医療機関で診断用に使っているCTやファンクショナルMRI技術のように、人体の全身の臓器を、カラー3D像で視ることができる。胸のX線相当はカラーで骨が白く見える。そして、異常があれば、あとは病院に行かせる。普通の病院でやる検査はまず胸部X線、次は胃、というようにやって、診断も順々だが、長谷川わかの場合は、早く悪い所にダイレクトに行く。

X線などにはかけないから、安全である。彼女は、医者の分からない診断をするから、不思議がられるが、医者は必ず、自分の腕前、自分の奇跡的発見にしてしまう。

長谷川わかは、モンナ・リーザの全身の臓器を、あっという間に即時検査し終わっていた。彼女の特徴は、立ち話でもやる。「あら、奥さん、赤ちゃんできてるわよ。男の子よ」とスーパーの出口で〝受胎告知〟をやる。「次に身ごもる時は、女の子よ」どんな精密な機械ができても、未来は分からないだろうが、長谷川わかは分かる。実例が続出。

：　モンナ・リーザさん、さっきはどうやってあちらを視たのですか？

「『ここに座ったまま分かりました』」

：　さっきは一〇〇メートルも離れているのに、座ったままで分かって、今度はこんなに近いのに、来てくださって恐縮していますが、なぜ今後はわざわざ歩いて視てくださっているのですか？

「『こういうのは、じかに触ってみないと分かりませんから』」

ラフに言って、世紀を超えて、物理的に歩いてきたみたいなのだが。

：　そこの所、もっと教えてください。どうしていらしたのですか？

「『ただ、自分で行く必要があると思っただけです』」


肖像を描いていた場所の、ベランダみたいな所は二階で、この地上は一階である。時間的に何世紀かの差があるように思えた。でも、〝歩行〟という動作をとった事実を、長谷川わかから視せられるように説明された。


：　モンナ・リーザさんの身長はどれくらいですか？

「『あなたより高いです』」

一六七～八センチぐらいらしかった。ここは目測条件が悪かった。モンナ・リーザが私の正面にかがんでいたから、分かりにくかった。もう一回、あとで訊けばよかった。

風と重力

「こうやってかがんだ時、モンナ・リーザさんのかぶっている薄いベールがさらっとなったの」

：　それ、風でですか？

「重さで自然に、でしょう。風が吹いていれば薄い布ですから、弱い風でも、ひらひらってなりますでしょう。ここ、いま、風吹いてないでしょう。吹けば、ベールがひらひらして視えますから、分かります。これ、ひらひらしていませんから」

：　モンナ・リーザさん、いま、風吹いていますか？

「『風、吹いていません。そちらと同じです。重さは感じます』」

地球の重力は感じているらしい。風があれば、モンナ・リーザのベールが風でひらひらするか、扇子であおいで実験したかった。

モンナ・リーザは、レオナルド・ダ・ヴィンチ出現を基礎として出現したが、こんな所は、彼よりも冒険的であるように感じた。

：　重さはどうやって感じるのですか？

「『来る時、歩きながらも感じていました』」

どういう具合にモンナ・リーザは来たのだろう？

それも、かなり昔からであるらしい。そして、こういう現象は、モンナ・リーザからリアル・データは提供してもらえるが、超・人文医理工学的な原理は、こちらで考えなければならない。そうでないと、理性ある現代人として情けない。

そうではないでしょうか。

接点と考察

ここまでのセッションは、高輪泉岳寺の四十七士のスクエア（区画）でのことだ。長谷川わかは言った。

「モンナ・リーザさんが、

『重さ、ここと同じです』

って」

ここ、というのは、現実空間だ。

：どうしてそうおっしゃれるのですか？

「『ずっと前から、何べんも接していますから、分かります』」

接している、というのは、こちらの物理的世界に接している、ということらしい。

：その、いま感じている重さは、ルネッサンス時代のですか？　それとも、いまの日本での、この場の重力ですか?

「『いまの重さです』」

……いまっていつですか?

「『青年のリボンを触って調べた、いまです』」

青年というのは、ルネッサンス期の青年のことだと思ったので、意味が分からず、しばらく考えているど、長谷川わかが、

「青年って、あなたのことよ」

と言った。

……重さはどうして分かるのですか?

「『椅子から立って、ここまで歩いて来る間も感じていましたから』」

レオナルド・ダ・ヴィンチが静的であったのに対して、モンナ・リーザは、動的だった。いとも軽く、不思議なくらい、さっさとシンプルにやっていて、こういう応答も、ピントのずれもなく、要領よく簡潔だった。

考察するに、もし、こういうのが、両サイドにまったく接点なく食い違っていて、何らかの共通ベースもなければ、モンナ・リーザから、こちらの世界を光学的に視ることは、できないだろう。

レオナルド・ダ・ヴィンチも、後に出現したキリストも、ソクラテスも、長谷川わかを

霊感ある同士で懐かしい目で視ていたジャンヌ・ダルクにも同じことが言えるだろう。ソクラテスとやっている時に出現が二度かち合ってしまった。

4

平安時代の女性とファッションショー

お洋服

人間と共通ベースがあるから、相互に視聴、かつ会話・議論できるのだろう。ここは、相当によく考えなければならない。"モンナ・リーザ、考え、かつ実行す、故に彼女あり"となる。反対されるなら、むしろデカルトに出現してもらったほうが話が早い。実験が必要だが、大石内蔵助（おおいしくらのすけ）の息子で行動と思考の自己観察トライをしてもらうのを再三やったから同じことだ。

「モンナ・リーザさんのお洋服は緑色で、さっき視て思っていたよりずっと明るい色です。……そして、ベルトはしていませんが、そういう所から下のほうは、色は、胸の所と同じ緑色で、そして同じデザインの続きになっています。

そして、下のほうはどうなっているかというと、こう、ヨーロッパの宮廷を描いた絵にあるように大きく広がっています。

強いて言うなら、日本の平安時代など王朝風の、源氏物語に出てくるような十二単（じゅうにひとえ）の衣装……あ、これって、いま、等身大の生きていて、上等なお雛様みたいな衣装、ああいうの着ていて、生きている、昔の日本の女性がモンナ・リーザさんの横に並んで立って視えていますから、ファッション・ショーみたいで比較しやすいです。二人のうち一人が代

表して
『むらさきと清少です』

って。わたしの〝神〟が、

『紫式部と清少納言である』

って、保証しておっしゃっています。そして、着ていられるものは、こういうの、赤や白、草色とか菱形とかあって、派手です」

瞬間、私は、こうやって紫式部や清少納言とも会話が可能だと、かなり自信をもって思った。イントネーションを知るために『源氏物語』や『枕草子』を音読してもらいたかった。ここではそっちもやりたいが、行きっぱなしになって戻れなくなってしまうのを恐れた。虻蜂取らずを避けて、モンナ・リーザに集中する。

「日本のよりはずっと地味ですが、ヨーロッパの宮廷で着るような服と現代の洋服の中間みたいのです。……足元のほう、靴は、裾の陰になっていて、隠れて視えにくいです」

：　モンナ・リーザさんは、手はどうやっていますか？　ルーブル美術館の絵みたいに、手をこう、組んでいますか？

「いえ、こう、広がっているスカートの横の所に、左右両手を裾に向けて下げていらっしゃいます。こうやって」

と長谷川わかは、両手を体の両側に付けて垂直に下げた。そういえば先ほど《ヴィーナスの誕生》も、その体勢で一時完成したのであった。髪の毛は四〇センチ長で。

そして、モンナ・リーザはベールをかぶっているらしい。どうしてそういうベールをかぶっているのか、知りたかったが、宗教的にまずいだろうか、と気にして訊けなかった。

長谷川わかが続ける。

「さっき、レオナルド・ダ・ヴィンチと話しながら、視ていた時は、石の建物の回廊の庇《ひさし》の下でしたから、普通の明るさで、こんなに明るくはなかったです。今日は、天気がよく、青空の下ですから、衣装の緑はさっきよりずっと明るいです。そして、モンナ・リーザさん、あなたの前に立っていらして、ネクタイに触っていらして、腕が地面に平行になっていますから、袖の所、からし色よりも黄色に近くて、日の光に照らされて、ピカピカ光っています。モンナ・リーザさんが、

『そこの所、絹です』

って、そうおっしゃっています」

：　じゃ、モンナ・リーザさんが着ていらっしゃるものの全体は、どういう生地ですか？

「『ベルベットです』」

：　……

ベルベットが分からず、少し時間が経過したが、ビロードの類らしい。

どうやら、モンナ・リーザが着ている衣装は、ルーブル美術館にある絵より、光っていて緑も明るいらしい。

それなら、頭の上のほうに、半分日傘をさせば、半分影ができるのか？　と考えたが、

十一月だったので日傘はなかった。

：　令夫人《モンナ》・リーザさん、エリザベス・ジョコンド夫人、伺いますが、その青年は年齢はいくつに視えますか？

その青年、とは、私のことである。

「『二十五、六ぐらいに視えます』って、モンナ・リーザさんが」

：　モンナ・リーザさん、この女性はワカ・ハセガワというのですが、年齢はいくつぐらいに視えますか？

「こっち、わたしのほうを向いて、ちょっと首をかしげてから
『さあ、五十歳ぐらいでしょうか？』

って、神秘的に微笑みながらおっしゃっています」

この時点で、モンナ・リーザの年齢を直接確かめたかったが、できなかった。

：　あの、長谷川わか先生、我々がこうして実験しているのを、モンナ・リーザさんは嫌がっていないでしょうか？

「『好意を持っています』」

：　先生が自分で想定して言っているのですか？

「いえ、モンナ・リーザさんがいま、おっしゃいました」

：　それは、私たちふたりに対して、ということですか？　それとも日本人全体ですか？　これとても変な、身勝手な質問ですが、これ実験ですので、できましたら、訊いてみてくれませんか？

「『日本の方、全体にです』」

：　でも一体どうして日本のことをご存じなんですか？　とても、考えにくいです。昔のルネッサンス時代の外国の方なのに！　こうお訊きするの、押し付けがましくて気が引けますが、この、私たちのやっている実験がきっかけでモンナ・リーザさんは〝臨生体験〟されたということに気付かれたのではないかと存じますが？

「『日本のことはずっと以前から知っています。相当に昔の時代からです。昔から、日本の方々が、ワタクシの絵に親しみを持ってくださっていますから』」

：　日本の人が興味を持っているって、いつごろからですか？

「明治の終わり、大正のころかららしいわね」

夏目漱石のころかららしい。

〝臨生体験〟というWORDのほうが明るい。長谷川の霊感の職務として、個人相談よりも、多くの人が客観的に知っている文化的なVIPの出現と交際実験のほうが、昔から謎となっている不明事項についての内容でできるし、世界中の大勢の人々が吟味検討して、人間社会の文明のプラスになる場合も多いだろう。

長谷川わかには、モンナ・リーザの姿もずっと九〇％存在の濃さでリアルに視えているらしい。ルネッサンス時代の、レオナルド・ダ・ヴィンチが絵を描いていた所から、三次元の人物生存を切り取って運んできたみたいに……いや、歩いてきてくれて、話しあっている。

昔から日本人は、《モナ・リザ》というだけで騒ぎたてる傾向があった。しかし、不思議なことに、こうして出現スピーク&ウォークできるということは、一切知られていない。

四十七士のスクエアで

〝令夫人《モンナ》・リーリザさん〟と、発声・発音するのは敬称がダブって変かもしれないが、出現者と長谷川わかと私と相互会話の音調が乗っていて、そのままのほうがよいので、そのままにしている。日本の手紙でも、席の指定でも令夫人様と書くから、初めての会話だし失礼にはならないだろう。

：じゃ、先生、ちょっと確認しますが、そこのレオナルド・ダ・ヴィンチがモンナ・リーザさんの絵をポプラ材の板に描いている、その絵の大きさは、どのくらいですか？

「そうねえ……。ルーブル美術館でレオナルド・ダ・ヴィンチさんが視ていたのと比べて、面積で言ってこっちのほうがほぼ三倍は大きいですね。

ルーブルの絵は、入社試験の時に出す証明写真の半身よりは大きいですが、座っていて靴が視えるか視えないかの裾のギリギリのほうまで描いてありませんね。こっちはそこまであります。

大石さんの、向かって左の方です。石の柱が左右二本あります。玉ねぎの上にねぎの柱をおっ立てて灰色にしたようなのを、故意に形を変えて描いてあります。二本の間に女性が描いてあるの。景色としては、石の柱は全部で四本ありますけどね」

：じゃあ、さっきのイタリアの古い寺院のモンナ・リーザさんが座っていた所、もう一度視てください！

「椅子は空っぽです。モンナ・リーザさんは、こっちへ来ちゃっていますから」

：本当ですか？

「本当」

：こっちって、どこですか？

「あなたの真ん前、八〇センチよ。なんで人間が普通にいるのと変わらないのに、あなたや他の人たちに視えないのかなあ」

こういうわけだから、長谷川わかは、世の中から超いじめられる。

仏教ではない寺院を、寺院と呼ぶのに賛成できないが、この、レオナルド・ダ・ヴィンチが絵を描いている場は、キリスト教の建物ではないように思う。フィレンツェの中にあり、場所は高台になっている。

以前、上野ではない東京都内の美術館で、〝ルーブルに収納されている風景画展〟というようなタイトルの広告を見た。広告の中央に大きな絵があった。それは適当な地上の場所から眺めて描いた、高台にある四本柱のある寺院の絵だった。これが、その場所だったと思う。その四本の柱の後ろ側、その中側で描いていたのだ。

自宅からその場所に行く時は、馬車で行ったのかどうなのか訊かなかったが、場所はフィレンツェの高台のキリスト教ではない寺院ではなかったか、と強く考えている。

日本にはミロのヴィーナスが展示された時

「『日本にはミロのヴィーナスが展示された時に視に行きました』」

：　それは場所はどこでしたか？

令夫人《モンナ》・リーザ、エリザベス・ジョコンド夫人はちゃんと、テキパキと応答する。

「『行ったのは上野です。それで、ワタクシも自分で興味がありましたから、ミロのヴィーナスの見学者の行列がどのくらい長いか、見に行ってみたんです』」

：　空中を天使みたいに飛んでいったんですか？

「『博物館の建物の入口の所から、列に沿って行列の終わりの所まで歩いてみたんです。大勢の人が、五重ぐらいに並んでいて、行列の最後が電車のほうまで続いていました』」

：　じゃ、モンナ・リーザさんはその時、靴を履いていて、地面の上をテクテク歩いていたのですか？

「『そうです。見学者の行列の先頭から、行列に沿って逆の方向に、遊歩道みたいな所を歩いて行ったんです』」

：人々は気付きましたか？

「『気が付きませんでした』」

：モンナ・リーザさんが、人々を気付かなかったんですか？

「『違います。ワタクシが、ミロのヴィーナスを見に来た人々から気付かれなかったんです』」

：どうしてですか？

「『姿が視えませんから』」

：視えないのにどうして視えないいって分かるのですか？

「『人々の様子で分かります』」

5

音楽とバレエとマリアとレストランと超ＡＩ

美術展と音楽

「モンナ・リーザさんがこう云っています……

『そのちょうど同じ時期に、日本でも美術の展示があって、ワタクシ日本にも視に行ったんです』

って」

《ミロのヴィーナス展》の次にもう一回来たということらしい。

：：伺いますが、その展示会は、何という題の展示でしたか？

「『《ルーブルを中心としたフランス美術展》です』

って」

即答した。ずいぶんとはっきりと答えるものだと思って、あきれて、感心した。長谷川わかは、日本美術や東洋美術はまだしも、西洋美術のことはまったく知らない。私も知らない。でも、彼女のこういう特別脳の情報技術的な実験をやってきて、経験的に思うのだが、彼女の視聴しているのは、きっと合っているだろう。

「『そして、これが日本で展示されました時、大勢の方がおいでになって行列して見てくださいましたから』」

でも、そこは、上野の公園で、何もない。広場や噴水、樹木ばかりだから、モンナ・リーザが行った時に、本人によって実際に行動がとられたという証拠にはならない。情報としては、ということである。

：　じゃ、その時に、どこかの場所をご覧になりましたか？

「『近所のいくつかある美術館や、芸術の催し物を上演する所などを視ました』って、モンナ　リーザさんが」

：　その催し物って何ですか？

「『楽器を使ってやる音楽などです』」

：　モンナ・リーザさんは、音楽って知っているんですか？　ルネッサンスの昔でも、音楽ってあったのですか？

「『音楽ありました。レオナルド・ダ・ヴィンチさんも、そういうのをやっていました』」

長谷川わかはそう通弁したが、私はレオナルド・ダ・ヴィンチが音楽をやっていたとは、全然知らなかった。

「『こういうのやるのは、一人でやるのも、複数でやるのもあります』」

：　どういう楽器を使うのですか？

「『たとえば弦楽器ですが、四角くて、線と棒が付いていて、まがった所もあります。まっすぐな所もあります』」

丸や三角なら聞いたことがあるが、三味線では変だ。

：　じゃ、脚は？　四本か五本か？

「『一〇〇本ぐらいです』」

それではムカデみたいになる。やはりエラーか？　長谷川わかの霊感のほうか、またはモンナ・リーザ側の問題か。

以前、ヴィオラを借りて、めちゃめちゃ流で、物理学科の学生として《G線上のアリア》を物理的にG線一本で弾くのに凝っていたことがあるので、弾くまねをした。

：　こういうのですか？　棒って、バイオリンなどの右手で持つ弓のことですか？　それとも、線を張った柱の所一本ですか？

「『そういうのもありますが、これは一〇〇本ぐらいあります。棒はハみたいです』」

：　ハって、朝起きてこうやって磨く、歯のことですか？

「『そうです。これは大きいのです。ハープを横にして入れてあるのです。重くて片手で持ち上げられません。床に置いて使うのです。催しの時には、蓋を開けて使うのです』」

〝ピアノ〟というWORDが、モンナ・リーザにはなかった。

：　他の楽器は、どういうのがありましたか？

「『笛などです。ラッパもあります』」

：　そういうのは、木ですか？　金属ですか？

「『木のと金属のと両方あります。それから、太鼓などもあります。それからお皿みたいので、金属でできていて、両側に持つ所が付いていて、ぶつけてジャーンと音を出すのもあります』」

：　そういうの、大勢でやっている時というのは、どれくらいの人数ですか？

「『舞台いっぱいです。歌って劇やる時は、舞台の下でやりますが、音楽を専門にやる時は、舞台の上でやるのです』」

すると、その場所は、上野文化会館ということだろう。察するに、ピアノ、バイオリン、オーケストラの演奏会などだろう。

いま、突如として、モンナ・リーザから、こういうのを、美術以外のこと、音楽芸術について聴いたばかりで、確信を持てないが、仮に受け入れて、さらに情報収集を続けながら、同時に、前後複数の会話の内容を吟味していく方針をとる。

「『それから、舞台の上でたくさんの人が、歌いながら劇をやるのです』」

これは多分オペラに違いない。

：　あの、モンナ・リーザさん《マダム・バタフライ（蝶々夫人）》知っていますか？

「『知っています』」

：　これ、タマキ・ミウラ（三浦環）という日本人女性オペラ歌手で、私は混んでいて顔を見えませんでしたが、一九四〇年に肉声を聞きました。ヨーロッパでやっていて、二〇〇一回目を歌舞伎座で記念公演して、蝶々型の石碑を造って、上野の寛永寺の墓の三番目くらいの入口に、〝MADAM BATTERFLY〟と彫ってあります。ご覧になられましたか？

「『行きませんでしたから、視ませんでした』」

その他、手早く早口で、ストラヴィンスキー来日演奏関連で、モンナ・リーザの偏透明脳と閻魔《えんま》ＤＢと言うべき宇宙ＤＢに突っ込んで外化（externalization）させておく。

：　それで、これも実験でもありますけれども、モンナ・リーザさんは歌を知っていますか？　もしも歌おうと思えば歌えますか？

「『少ししか知りませんしうまくないですが、でも、どうしても歌えって言われたら、歌えないことはないです』」

長谷川わかはすぐに通弁した。これはミステリーだ！

：　ハイ。じゃあちょっと一曲歌ってください！

「『じゃ、ちょっとだけ歌ってみます。下手ですけど』」

小さい声で長谷川わかは通弁した。そして、うふ、うふ、という表情で、声を出さないでしばらく聴いていた。こういう時、おじおじしないで、パッとやってくれるのがモンナ・リーザのいい所だ。女性として器量があると思った。

「歌い終わりました」

と長谷川わかが言った。

：　それ、そういうのでしたか？

「ラ〜ラ〜〜〜〜〜みたいの。ちょっと、まねできないから節だけやったけど、モンナ・リーザさんはちゃんとルネッサンス時代の言葉で歌いました」

これは小説ではない。Nonfiction Realityである。超情報工学実験、超人文医理工学、過去の時代の音楽リトリーヴの実験である。

：　それ、モンナ・リーザさん、どういう歌ですか？

「『これは、当時イタリアで流行っていて、女性などがよく歌っていた歌です』」

その時、長谷川わかにとてもよい異変が起こった。

長谷川わかの超特別の眼に、さっき視えたのだが、私がカットしてしまった素朴な景色が再びよみがえった。それは当時の食堂の内部で、マホガニーのような床やテーブルがあり、とても美しい若い女性が並んで座っているのだそうだ。そのうちの一人はモンナ・リーザだ。二人はとても生き生きとしていて、はっきりと、天然色で、生きている人間みたいに視えてきたと言う……。

「髪は金髪と茶色の中間で、モンナ・リーザさんは、この女性ととても仲良しだったんですって」

チャンス！

：　その女性に年齢を訊いてみてください！

「モンナ・リーザのお友だちが
『リーザさんと同い年で、二十二歳です』

って」

これは非常にうまく行った。リーザというのが絶対的に彼女の愛称なのだ。つまり、あのルーブルの《モノ・リザ》の絵は大体二十二〜三歳である。レオナルド・ダ・ヴィンチも二十三～四歳あたりと云っていた。モンナ・リーザの顔は、ルーブルの絵の中の顔も、その食堂の顔も同じだ。

：　あの、モンナ・リーザさんのお友だちの女性に伺いますが、モンナ・リーザさんと、お食事なされていたのですか？

「お友だちが
『そうです』

って言っています。これ、いまフィレンツェの昔の食堂の中です。この女性、いま、モンナ・リーザさんと二人で食堂にいて、椅子に座っていて、お食事されています。それで、モンナ・リーザさんと同じですが、さっきから話していて、やっている片方のモンナ・リーザさんは、ルーブル美術館の絵みたいな、ああいう神秘的な顔ですが、こっちの新しく視えているほうの女性は、普通の若い、かわいらしい感じです。現代でも、よく普通にいる感じ。この方も美人です。それで、その女性が、

『リーザさんと時々お食事したり、それから、歌を歌ったりして楽しんでいました』

って」

：　じゃ、いま一緒に歌ってくださいますか？　お願いできたらありがたいですが……

「『ハイ、歌います』

って、お友だちが云っています」

モンナ・リーザさんとお友だちが二人で食堂のテーブルの向こう側に並んで座って、頬

を寄せ合いながら歌いはじめる。二人して、首を縦に振って調子を合わせながら、さっきより長い歌をフィレンツェの原語でより大きい声で、合唱してくれた。これが四十七士のスクエアでの現実なのだから、相当に驚いた。歌のタイトルは、後日の実験の時、歌の題合せを友人の芸大の楽理科の大学院生にやらせるために、云わないでおいてもらった。

これらは、モンナ・リーザが出現し始めたころの、３Ｄ映画のような虚動像のストリームとは完全に異なる。これらは、魂の入ったまるで生きた３Ｄ現動像なのだ。だからこそ、よくよく吟味する必要がある。

：　モンナ・リーザさんのお友だちの方に、お名前を教えてもらってください！

「マリアさんとおっしゃるのですって」

マリアさんって、聖母マリア、マグダラのマリア……たくさんいますけど……どう呼んだらいいのでしょうか？

「『リーザさんの友だちのマリアです』って、そうおっしゃっています。ちょっとかわいらしい声ですよ。それで、この方たち、モンナ・リーザさんがお姉さん役で、この方が妹役みたいなんです。モンナ・リーザさんのお友だちのマリアさんが

『リーザさんにとても仲良くしていただいていたんです。それで、分からないこととか教えてもらったり、相談に乗ってもらったりしていました』

って」

：　どういうことですか？　差支えない範囲で教えてください！

「『日常のちょっとしたこと、家事のことだとか、たとえば、家具の裏のほこりやごみのとり方とか。刺繍のやり方、糸をどう留めるのか、などです』」

：　ハイ。分かりました。ありがとうございました！

長谷川わかは、相当以前、霊感発現当時に、〝神〟にさせられてイタリアの女性オペラ歌手が憑依《ひょうい》して出現して、アウトスィングで歌ったことがあった。優雅に体をゆらしながら、哀調のある美しいメロディで近所中に響き渡る声で原語で歌った（『超特別脳　長谷川わかの霊視検証』たま出版参照）。後の時代にはアウトスピークは必要がある時以外はやらない。これは、特別に彼女の〝神〟が長谷川わかの妹が理解がないので、〝神〟がスピークするのはどういうことなのかを分からせるために、人を替えて出現スィングさせた時のことである。

こういう場合、歌詞は宇宙による自動転換はされない――イタリアの原語で歌う――から、外国語の助教授になりかけの友人や、芸大で器楽を専攻している人、イタリアオペラに凝っている友人なども、実験に立ち合わせてやりたい。

出現者の声自体をアウトスピークさせれば、これは相当に興味がある。レオナルド・ダ・ヴィンチも長谷川わかにより、アウトスピーク＆スィングさせれば面白い。〝神〟に頼み、憑依してもらって口に発声してアウトスィングで歌えば、声帯も本人同様になり、誰でも自分の耳で聴こえるし、録音もできるが、一般にセキュリティ&プライバシーがあるので、なるべくアウトスピークはやらないように、脳進化していた。だが、〝神〟に頼み、やろうと思えばできる。しかし、人間長谷川わかの超ＡＩをハード&ソフトで実現できた暁には、このような出現体に限らず、長谷川わかの耳に聴こえるものは、白鳥の湖の曲もすべて、外部機器で出力でき、録音もできる。レオナルド・ダ・ヴィンチに楽器で歌ってもらい、歌声を出し、楽器の音も出し、曲全体を出すことができると、一九六二年以来、私は考えている。バッハもベートーベンも、まったく同じだ。作曲家自身の演奏を、そのまま音曲でも楽譜化してでも、ＯＵＴＰＵＴできる可能性がある。作曲家自身のアウトスピーク付きで。言語は日本語でも英語でもそのほかでもあり得る。

眠れる森の美女

「モンナ・リーザさん、こうも云っています。

『それから、美しくてスタイルのいい女性が、舞台の上で、相手の男性と組んで音楽に合わせて踊るのです。そして、女性が大勢でも踊るのです』

って」

：　その踊るストーリーの主題はどういうのですか？

「『どこかの国のお姫様が何らかの困難におちいっていて、王子様が助けるというのが多いです』」

：　たとえば、どういう題のですか？

「『《眠れる森の美女》などです』って」

童話みたいのをバレエにしたのかもしれないが、我々は当然ながらそれを知らない。どういうのかを考えていたら、長谷川わかの耳にチャイコフスキーの《白鳥の湖》の曲の、よく知られている主題の部分が聴こえてきて。彼女の眼にもバレエの舞台が視えてきた。

「鏡の所で練習していたバレエみたいに、白くて丸い直角のスカートを着ていて、でも少女じゃなくて大人の、若いとてもきれいな女性たちで……舞台の上で、最初四人で、腕を組み合わせて、つま先で立って踊って、あと八人で踊って……それから、次、大勢です」

するとが、《眠れる森の美女》というのは、《白鳥の湖》みたいな類のバレエということだろう、と寸劇的リアルに教えられる。

「モンナ・リーザさんが、

『その時、上野に行った時に、たまたま、そういうのをやっていたのを視たというのではないのです。そういうのをやる、そこの場所だけ視たのです』

って」

オペラ座の観客室の天井には絵が描いてあるようで、これを、ウォッチしようとしたが……。そういうのは、貴族が視るような、張り出した席。シャンデリアとか、階段の赤い絨毯《じゅうたん》。手すりの彫刻など、もっと詳しく訊きたかったが、モンナ・リーザは略した。

そういう西洋建築の劇場装飾は、すばらしいに違いない。かつて、パリ・オペラ座バレエ団の公演を観たが、パリの実在感は持てなかった。今回モンナ・リーザに教えられて実在感が出た。

「『それから、そこのそばにある芸術の大学も行ってみました』」

これは東京芸術大学と思われた。

『戸じゃないです！』

：　上野の駅前のほうは行ってみましたか？

「『行ってみました』」

：　そこに何がありましたか？

「『商店がたくさんありました』」

鮭とか蟹とか、蛸とか売っているアメ横とか、御徒町のあたりらしかった。でもそこだけじゃ、日本の市街の代表として視てもらうのには、気になる。

「『その先もちょっと行ってみました』」

決して強調したわけではないが、それを聞いて安心した。

：　そこはどういうのがありましたか？

「『四角いので、ガラスが少し丸くなっていて、そういうのです』」

：日本座敷の天井から吊るす四角、蛍光灯の傘ですか？　ドーナツみたいなガラスの付いている……。

「『いえ、そういうのじゃなく、**ステンドグラス**みたいなのです』」

：お茶の水のニコライ堂、キリスト教一派のロシア正教の教会を視に行ったのですか？

「『違います』」

：じゃ、それ、丸くて色の付いた電気スタンド傘ですか？

「『四角いのです。そして、もっと大きいのです』」

：……シーズンが分かりませんが、クリスマス用の装飾の付けてある戸ですか？

「『戸じゃないです！』

って、モンナ・リーザさんが大きな声で云いました。

『こういうの、たくさんあって、美術館みたいですが……でも、美術館の絵でしたら、ひとつの絵は一枚ずつ展示してあって、同じ絵はありませんが、ここは同じ絵がたくさんあります。そして、絵は薄くなくて箱みたいなので、表面のガラスにステンドグラスみたいに、絵が光っていて、それは人や物が映っているので、その絵が動くものです。そして、その絵が話したり、音楽を出したりして聴こえるのです』

って」

長谷川わかが特別脳と、特別視聴覚を使っている。純粋にその機能テストをしている。

：　じゃ、その絵は何語で話していましたか？

『たくさんありましたが、どれからも、声は出ていませんでした』

：　白黒でしたか？　色が付いていましたか？

「『すべて色が付いていました』」

：　他にはどういうものがありましたか？

「『いろいろ大きさな四角い箱がたくさんあって、お店で売っていて、大きなの、中くらいの、小さいのとあって、小さいのはいま云った、絵と音や声の出る家具みたいのです。大きいのはものを冷やすので、中くらいのはものを洗うのです』」

モンナ・リーザには、主婦的感覚があるのだろうか。

：　じゃ、大中小の、大と中の四角いのは、どうして使い方・用途か分かりましたか？

「『お店の販売員が説明していましたから』」

：　モンナ・リーザさんに説明したのですか？

「『いえ、ワタクシにではなく、お店に来ていたお客さんに、です』」

：　何語でしたか？

「『日本語でした』」

：モンナ・リーザさんは、日本語が分かったんですか？

「『いまも日本語で話しているでしょう？』」

長谷川わかの説明によると、人間死ねば言語が共通になって、通じるのはこういうことだという。アメ玉はひと粒ずつ小さい紙に包んでひねられている。アメそのものはアメだ。外国人がなめても甘い。それを、〝チョコレート味〟とか〝chocolate taste〟とか、フランス語、イタリア語、ドイツ語などの表示の紙で包んでひねる。アメが原言語《ウルランゲージ》で、包む紙は、各言語である。神や霊感者は外国人や死亡した人と、原言語で通じるので、コミュニケーションの時は直接にパッと自動包装される。レオナルド・ダ・ヴィンチは、

「『云うと云えちゃうんだ』」

と云っていた。重力の作用みたいなもので、通訳はいない。

長谷川わかが訳しているわけでもなく、〝神〟が訳しているわけでもない。〝死ぬと言語が共通になるのだ〟と、〝神〟がこれまでに何べんも長谷川わかに云っていた。

6

令夫人《モンナ》・リーザの銀ブラ、スパゲッティ、カツ

モンナ・リーザの銀ブラ

しかし、上野のあたりだけでは、日本の都市の代表とは言いがたい。しかし、誘導はしてはならぬ。したら客観現象でなくなる。

：　もしかして、他の所は行かれましたか？

「『銀座へ行きました』」

それなら、まあ、ひと安心という所だ。

：　銀座のどこへ行きましたか？

「『銀座の通りを歩いてみたのです』」

：　そこはどうでしたか？

「『大きなお店や、いろいろなお店がたくさんあって、人もたくさんいて、にぎやかでした』」

大きいお店というのは多分デパートであろう。その時に、長谷川わかが銀ブラしていたら、モンナ・リーザの歩行している姿が視えたかもしれない。ただし、特色が《ヴィーナスの誕生》の時とは違う。

：　あの、モンナ・リーザさん、銀座にレストラン……これって食堂のことですが、ありましたか？

「『ありました。そこの入口まで行きました。他の人は入りましたけど、ワタクシは中へは入りませんでした』」

……どうして入られませんでしたか？

「『人々に失礼になりますから』」

……そこの入口にどういうものが置いてありましたか？

「『入口の所にガラスのケースがあって、中にお料理が並べてありました』」

……そういうの、外国にもありますか？　どう思われますか？

「『他の国では見かけませんが、でも、お料理の言葉が分かりにくいですから、こういうのがあれば、注文する時に、手で示して〝これ〟って云えばいいわけですから、分かりやすくてよいです』」

モンナ・リーザとピタッと意見が一致した。

……モンナ・リーザさん、カレーライスを召し上がったこと、ありますか？

「『……そういうのは知りません。食べたことはないです』」

カレーライスは昔、お手伝いのシーちゃんが作ってくれたが、牛肉ははじめから全部ひき肉にして、肉はすべて肉の繊維にして入れる。まっ黄色でシチューみたいで、じゃがいも、にんじん、玉ねぎが入っていて、片栗粉と水で溶いたのを少し入れ、胡椒をたくさん入れて辛くしたのがおいしい。そのころのカレーは、高級なものほどおがくずのようだ。薬膳効果はあるかもしれないが……と、個人的な愚痴をこぼしました。

：　じゃ、そこでもしモンナ・リーザさんが料理を注文するとしたら、どういうのがよいでしょうか？

「『興味があるのはフランス料理とイタリア料理です』」

こういうコミュニケーションの信頼性をどうこういうことは、長谷川わかの脳自体、またいろいろな出現者についても、すでに『カラマーゾフの兄弟』の大審問官ぐらいに厳しくやりあって、同じことを三回訊いたり、逆に断定して言ってみたり、とぼけて訊いてみたりして、幾重にもやってきた。この段階ではすでに長谷川わかについては、システムの点でも、出現者の点でも、信頼性があり、単純に人間同士で話しているのと変わらないということがすでに分かっている。とは言えいまも、そういうシステム機能も、美術関係も、同時にチェックを続けている。

マカロニとカツ

ちょうど知りたかったことを質問することにする。マカロニを見たことがなかったから、悩んでいた。これを教えてもらうことにする。

：　あの、モンナ・リーザさん、マカロニをゆでると、スパゲッティになるのですか？

「『マカロニとスパゲッティは違います。マカロニは孔があいていています』」

：　八ツ目うなぎみたいに、横に孔があいているのですか？

「『いえ、ストローみたいに中空になっています、そして、太くて短いです。そして、スパゲッティは、細くて丸くて長いのです。日本のお蕎麦は四角くて長いですが』」

：　へえ。モンナ・リーザさんは、日本のお蕎麦を知っているのですか？　お蕎麦屋さんに入ってみたのですか？

「『東北の方向の日光へ行く途中、街を歩いている時に視ましたが、お蕎麦屋さんはどこの店もそういうのを入口の窓に出しています。出ていないお店はないです。それから、うどんは白くて、スパゲッティより太いです。スパゲッティは、うどんより細くて、黄色味がかっています』」

：　じゃ、マカロニなどを製造する時、同心円柱と言いますか、同時に造って外側のパイプはマカロニにして、中の芯の所をスパゲッティにできるのでしょうか？

「『造り方は詳しく知りませんが、別々に造るようです。両方とも同じようなもので、原材料は同じですが、ものとしては違うものです。料理も違います』」

ちゃんと親切に教えてくれている。

モンナ・リーザは、理性もあり、知恵も情もある。これは、長谷川わかの特別な脳を実験していて、未来の人工知能（ＡＩ）のプリ・テストであり、先進的なコンピューターの予備実験、である。宇宙で重力が効いているように、やっているみたいなのである。いや、見かけはモンナ・リーザの脳システムに、日本語が入っているかのようだ。

：　あの、料理のことは分かりませんが、ちょっと教えてください。もしも召し上がると
したら、具体的に、どういうものを召し上がりたいですか？
「『こういうのです』
って、モンナ・リーザさんが。これ、いまカツみたいのわたしに視えているんですけど」
カツ……。カツとはあまりにも平凡な！　かと言って、あまり高級なのだと分からな
い。しかし、もしかしたら、長谷川わかの特別脳にノイズが出て、モンナ・リーザの考え
を間違って見せているのかもしれない。
：　どこに視えますか？
「『これ、私の目の前です。テレビで言ったら、六畳一間ぐらいの三次元立体空間のよう
な大きなテレビがあって、縁はないですが、それとは別に、普通の家庭の立体のテレビ
があるみたいなんです。そこで、お料理番組みたいのが視えています』」
長谷川わかに視えているものは、西洋の宮廷の貴婦人のような姿のモンナ・リーザと向
かい合った私、そして、その中間にもうひとつ、料理用の縁なしのテレビみたいなもの。
すべてが等身大の三次元テレビの映像みたい視えている。そのテレビのようなものは、現
象の説明用に補助的に空気中に出ているらしい。
そして、話していて、内容がややこしくて図などが必要な場合、必要に応じて補助映像
が開いて、出現者のスピーキングに同期する。

私とモンナ・リーザが向き合って話し合っているのを、長谷川わかは、モンナ・リーザの発声通り通弁しながら横から視ているが、その中間の空間に、お料理番組が３Ｄ立体映像で視えているのである。

それ、具体的に言うと、どういうのでしょうか？

「『これ、仔牛の肉をバターで揚げたものです』」

：　フライパンで仔牛の肉をバター炒めにするのですか？

今度は長谷川わかが、本人として答えた。

「わたし、コックさんじゃないですから、西洋料理には詳しくないですが、でも言わないとあなたが分からないでしょうから。わたしの脳と、わたしという人間テレビを実験してもらうためにも。いま、主婦の感覚から言ってみますと……」

この時、はじめ、コックの姿が、長谷川わかのメインの３Ｄ画面で等身大で視えたらしい。しかし、コックというのは、白いコック帽で、白いコック服で、同じ格好だから、モンナ・リーザがよく行っていた食堂のコックが出ているのか、現代のイタリア料理のコックが出ているのか、区別がつかないぐらいだった。料理の道における長い伝統を感じた。

ルネッサンス時代のコックの調理している手元が長谷川わかに視えている。しかも、これは、３Ｄで、超時空でもある。

「近所のスーパーへ行ってバターをひと箱買ってきて――こういうこと日本の家庭じゃやりませんけど――バターをひと箱とも全部フライパンに入れて溶かして……」

：　ちょっと、すみません。液体の深さはどのくらいですか？

「二センチくらいです」

確かめておく。

：　長谷川わか先生、先生が考えて言っているのですか？

「いえ、やっているのを視て。深めのフライパンみたいなものが視えています」

：　ハイ。次、お願いします！

「そして、仔牛の肉をたたいて薄くして、小麦粉だかパン粉だか付けて、フライみたいに揚げるのでしょう」

長谷川わかには、コックの手が肉をたたいて、粉を付けているのが視えている。

：　まな板の上で、包丁を横にしてたたくのですか？

「提灯ぶら下げて……じゃないですけど、手で。こう持つ所が柄になっていて、先にちっちゃいアイロンじゃないですが、金属が付いていて、そういう専門の道具があるのです。それで、肉をペタンペタンたたいています」

後に、ウェディングドレスのコンテストで東郷青児賞をとり、洋食業に転じた令夫人Uにたずねたところによると、これは〝肉たたき〟というものらしい。

：　どうして粉だかパン粉みたいのを付けるのですか？

「『牛肉の肉汁が逃げないようにするためでしょう』」

：じゃ、モンナ・リーザさん、どうして仔牛じゃないと駄目なのですか？

「『仔牛のほうが大人の牛よりも肉が柔らかいのです。それから、大人の牛だと牧場で飼うのに期間がかかるのです。すぐ人手も飼糧《しりょう》もかかるでしょう。人間でも子どもはすぐ成長して完成しますが、大人は実が入《い》って完成するのに期間がかかるでしょう。ですから、そういう経済的なこともあります。お料理をいただくほうとしても、仔牛のほうが値段が安いのです』」

：じゃ、大人の牛は何に使いますか？

「『一般のお料理です。それから、ビーフステーキにもするんじゃないかしら？』」

お米の料理

長谷川わかが続ける。

「それから、モンナ・リーザさんが、

『お米の料理です』

って言っています」

：それは、茶碗に白いご飯に日本料理ということですか？　令夫人・リーザさんは、箸、使えるんですか？

「『いえ、これは、お米にたくさん玉ねぎの入ったバター炒めと、お粥《かゆ》の合いの子みたいのです。白ワインやスープで煮るのです』」

生の米に玉ねぎを大量に加え、急にフライパンで炒めるのじゃ、料理的に無理だろう。お米をといで炊いて、ライスを作っておいて、それから玉ねぎをいっぱい炒めて、そこにライスを入れて焼き飯を作る……そう解釈した。

しかし、順番はモンナ・リーザの云ったのが正しく、イタリア料理ではお米は洗ってはいけないらしい。日本では水気を入れてごはんを作ってから炒めるのに、向こうは逆にお米を炒ってから水分を追加して料理するという方式らしい。

そして、さきほどの会話でお米屋が前垂《まえだ》れをしているというのは、昔のフィレンツェのお米屋さんだった。

でも、せっかく焼き飯ができたのに、白ワイン、スープだか入れちゃって、ぐちゃぐちゃ煮るのは考えにくい。味覚の違いなのだろうけど。

「モンナ・リーザさんが

『これ、リゾットって言うんです』

って。これ、わたし、昔、妹の〝いし〟と地方のレストランで食べたことあるように思います。お料理の上に、トマトみたいな赤いのや、緑色の野菜みたいのも、きれいにたくさん、乗っているわね……そう視えていますけど」

これは、二番目の料理についての追加説明か、それとも、次の三番目の料理の説明が始まっていたのか、もう混乱して分からなくなった。
モンナ・リーザは、イタリア料理とフランス料理、各々三種の料理について話してくれた。一生懸命覚えて暗記して、その後忘れたが、この時彼女が話してくれた料理は、イタリア料理とフランス料理の三大料理に当たっていることをあとで知った。

：　モンナ・リーザさん、そこの銀座にあったケースの中の見本料理で、ご興味があるものはありましたか？

「『ありました』」

：　どういうのですか？

「『あかいお米の料理で、たくさん粒みたいものが入っているのです』」

レストランに赤飯《せきけん》が置いてあるとは考えにくいが、一応訊いてみる。

：　そのお米というのは、ピンクで粒の色はチョコレート色でしたか？

「『いえ、オレンジ色のお米で、粒みたいなものは、いま私が着ている衣装みたいな緑色で、でももっと薄い色で、丸い形をしていました』」

これ、モンナ・リーザさんが云っている丸いのって、グリンピースのことよ。よく街の食堂やデパートの中の食堂なんかで、トマトケチャップをちょっとひっかけた〝オムライス〟あるでしょう。そのオムライスの卵の部分をとっぱずしたみたいのよ」

と、長谷川わかが分かりやすく解説した。

：　どうしてそういうのに興味があったのですか？

「『色がきれいで、とてもおいしそうでしたから』」

私は即座に、オムライスに〝令夫人《モンナ》・リーザライス〟という新しい名前を付けた。肉は何でもよい。

私は、料理を美術的な目で見る人なんて、それまで知らなかった。モンナ・リーザは、何でも色彩で視ている。そして、レオナルド・ダ・ヴィンチと同じく、きちんと思考がある。

モンナ・リーザさんにご馳走

：　もしも、モンナ・リーザさんにご馳走できることがあるとしたら、どうすればよいでしょうか？

「『お気持ちはありがたいですが、でも、もしこういうことで、ジョコンドは食い意地が張っていると誤解されますととても困るのです。他の方面にも迷惑をかけることになりますから、しないでください。それから、こういうことは、国や社会によって、信仰、風俗、習慣が異なりますから。ですから、お気持ちだけいただいておきますから、どうぞしないようにお願いします』」

ってモンナ・リーザさんが。万が一トラブルが起きたら、モンナ・リーザさんに大迷惑をプレゼントしてしまいます。だから、すべきではないのです。日本だって、食堂やレストランじゃありませんでしょう？　家庭では床の間に置いてご先祖さまにお供えはしますが。どうしても気がすまないというのなら、帰りはレジで売っているイチゴのケーキ買ってきて、自分の家でお供えするのです。

『でも、青年が日本でぜひに、とおっしゃってくださるのでしたら、家で、中くらいの白いお皿にあてがいぶちで一品か二品乗せて、ハガキを置いて、〃ジョコンドに〃って言ってくだされば、ありがたくいただきます。家でなくても、美術の会などでもけっこうです。コース料理は要りません。お皿の模様が他の方と同じですと区別が付きませんが、白いお皿だと、目印として視えやすくて分かりやすいのです』

……ハガキにメッセージ書くんですか？

「『何も書かないでいいです』」

……でも、胃はないんでしょう？　胃に入るんですか？　どうやって味わうんですか？

「日本では古来、香りをきく香道《こうどう》がありますね。そういうのにちょっと似ています。わたしたちが、妹と結婚式に招待されてお食事をしてお料理がたくさん出てきて無理して食べおわったあと、デザートが出てきて〃おいしそう。さっきの分食べなければよかった〃って思うことあるでしょう。そういう時、残念だけれどデザートの姿だけ見て、心で味わうみたいに食べたつもりで胸に収めて満足するってっていう、そういう感じです。それから、寺社では、先祖師に捧げる時とか、神社で神に息をひっかけないようにマスクして捧げる作法がありますよね、そういう感じです」

私はモンナ・リーザ本人から直接答えを聞きたかったのに、長谷川がかわりに答えた。仕方ないので、別の質問にする。

：　高級な飲み物は知りませんが……ワインだったら赤ですか？　白ですか？

「『余ったのでいいです。ありあわせで結構です』」

サラリーマンは一杯飲むときはどうしてもビールになる。

：　ビールじゃ、ちょっといけないでしょうか……。かといって、強すぎるのじゃダメでしょうね？

「『飲むのではなく、お気持ちをいただくのですから……。男女、独身の方でしたら、コップに飲み物半分ぐらいを入れてくださって、〝ジョコンド、一緒にいただきましょう〟と言ってくだされば、喜んで参加します』って。こういうの、蓋を開けないまま置いてどうぞ、って言っても、香道的に味わうことができないのです」

7

令夫人《モンナ》・リーザの
京都、お人形、大阪

京都

：　他に、日本でどこか行かれましたか？

「『京都へ行きました。京都へは、その時二回行きました』って、モンナ・リーザさんがおっしゃっています」

積極的に答えてくれている。助かった。こちらが無理強いして言わせているのでは、客観的な実験にならない。

このあと、京都について、いくつも質問をしたが、詳しく答えてくれた。観光的に視た、という所にとどまらず、駅の近辺の状況についても、かなり厳密に審問をやった。私にとっては、彼女が物理的に京都に行ったという事実に対して、証拠を固めることが重要だと思ったからだ。モンナ・リーザにとっては迷惑だったろう、と、かなり後悔している。しかし、くどくど質問したにも関わらず、きちんと答えてくれ、結果としては、一九六二年当時の京都駅周辺の状況をかなり正確に言い表していた。

：　京都で行かれた所を教えてください！

「『白ジャリの所にある赤い建物の神社（平安神宮）、金色の寺（金閣寺）、白い小石と岩だけのお庭がある寺（竜安寺）、他にも仏教の寺、いろいろです。大きい木でできた橋

（渡月橋）にも行きました。とても静かな竹林《ちくりん》と、苔の生えた寺も複数行きました。これらの庭の苔はワタクシのこの衣装と同じような色でした』

（　）内の固有名詞は私が追加した。モンナ・リーザがお寺を「寺」と発声したのが印象的だった。

：じゃ、モンナ・リーザさん、その時は、緑色の正装のお洋服で苔の庭を歩かれたということですか？

「『そうなんです。ルーブル美術館にもレオナルド・ダ・ヴィンチさんが描いてくださって飾ってありますが、ワタクシの正装は苔色なんです。それから、静かで、柿の落ちる音が聴こえる質素な舎《いえ》（落柿舎《らくししゃ》）にも行きました』」

：京都で祇園祭りは視ましたか？　山鉾《やまほこ》を引っ張るのを視ましたか？　季節が合わなかったかもしれないですが……

「『舞子さんが踊るのを視ました』」

：祇園の茶屋で、ですか？

「『いいえ、劇場みたいな所でした』」

これは祇園会館か歌舞練習場だろう。

：私も見たことがあります。他にも、時代祭りというのもあります。京都の歴史上の雅《みやびやか》な衣装や風俗を再現して、紫式部や清少納言などに扮した女性も出て、実に情緒豊かなものです。それから、暗くなってきた時に、山の斜面に〝大〟という文字の形にかがり

火をたく〝大文字焼き〟というのもあります！ 〝⛩（鳥居）〟や船型のもあります
「『そういうの、機会があればぜひとも視てみたいと思います』」

：　回るルートはどうしたのですか？

「『ルーブルの調査チームや一般の旅行グループの後ろ、二〜三メートル離れて付いていくのです』」

なるほど。ヨーロッパからの観光客が回るルートらしい。日本人ガイドの説明は分かるのだ！

お人形

：　京都はどう思われましたか？

「『落ち着いて、静かな街でとてもよかったです。好きな街です』」

：　お土産はよいものがありましたか？

「『お人形ありました。きれい！ かわいい！ って思っても、お金持っていませんし、言葉通じませんし、もし買えても手で持って歩けませんし、それに販売している商品ですし……』」

モンナ・リーザが、かわいい！ きれい！ なんて発するから、相当にびっくりした。本人自身がきれいなのに。しかし、相当な美人でも、人形を見てかわいいと感じることはあるだろう。ミス・ニッポンのお姉さんも人形を飾っていたらしいし。そういう感情を自然に持つからこそ、女性は素晴らしいのだ。

：　先生、こういう人形、どうしたらモンナ・リーザさんにプレゼントできますか？

「こういうのは、ものというより、〝かわいい〟〝きれい〟っていう所に命があるのでしょう」

長谷川わかが続ける。

「私たちが遠くへ旅行する時は、旅行カバンが重いでしょう？　そして、先方で別れ際に玄関先で、かわいいお人形くださるって言って無理にくださろうとするでしょう。欲しいですけど、荷物増えるし重くなるし、力も限界だし。だから、お気持ちだけいただきますって言って。人形の姿かたち、どういう面立ちで、どういう着物の模様で、って暗記して、まぶたに焼き付けて、抱きしめて、ああかわいい！　って思って、それを一生の思い出にして、ものとしての人形自体は持たないで帰ってくるの。

モンナ・リーザさんも、商品を視てかわいいって思っても、その気持ちを持っていくとそういう実質的な商品価値を商店からとっちゃうことになりますから、罪になると思っているのです。売っているまま〝どうぞ〟って言ったら、盗品をプレゼントされたことになります。

ですからこういう時は、普通に自分で買うみたいに買って家に帰ってきて、自分の部屋のすみか棚に飾って、モンナ・リーザさんに、よかったら一週間だけかわいがってあげて楽しんでくださいって、言えばよいのです。あとは自分用にすればよいのです。

ですから、はじめに買う時から、自分が気に入るものを買うのよ」

：でも、サラリーマンの青年が人形買ったら、ガールフレンドに、他の女性へのプレゼントじゃないかって疑われちゃいますし、お父さんだったら、家族に笑われちゃうからどうにもならないでしょう？

「そういう場合には、駅のそばなどに無料で置いてあるチラシでもいいのです。京都の観光案内のカタログでもよいのです。

モンナ・リーザさんは、ヨーロッパ、アメリカなどはもう卒業していて、日本の温泉とか京都の祭り、大阪、仙台、日光、青森、秋田……またはアジアのほうがこの方にははるかによいのです。

もし女性だったら自分の見たいファッション雑誌とか、お料理の本とか、ハンドバック、お化粧用品、生活用品、くつなど、自分の欲しいものを買えば、一挙両得です。モンナ・リーザさん、これ一日だけ視てみてください。あとは私が使います、と言えばいいのです。

ついでに日本のことを言うと、一般的には神棚や仏壇にお供え物やお線香をあげるでしょう？　お中元とかお歳暮とか、いただきものをした時も、お供えしますね。

そういうの、学生なら、新しい教科書でもよいのです。これからこういうのを勉強しますって。受験生なら、自分がやる練習問題集や参考書でよいのです。大学生なら、研究課題の本、少女や女学生なら、動物のぬいぐるみ、ハートのマークが付いたお洋服、何でもいいのです。

受けるほうは前に言った香道みたいな感じです。ちゃんと見ていて通じるのです。こういうの、正しく知っている人は少ないですね。故人や先祖は、遺族や子孫を応援しているのです」

大阪

もうひと押し質問してみることにする。

：　モンナ・リーザさんは、他にどこか行かれましたか？

「『京都に行くついでに、大阪へ寄りました』って、云っています」

：　大阪ではどこに行かれたのでしょうか？

「『運河の所にカニがいて、動いていました』」

：　どのくらいの大きさのカニですか？

「『人間が横になったくらい大きかったです』」

：　どこにありましたか？

「『何かのお店の正面の上です。そして、近くの通りのお店の入口の窓に日本のお料理がたくさん並べてありました』」

これは多分、〝喰い倒れ横丁〟と友人が言っていた場所だと思う。

：　たこ焼きは食されましたか？

「『そのお店には入りませんでした。……それから、違う所にも行きました。東北の方向の日光です』」

：　何がありましたか？

「『門を視ました』」

：　どういうのでしたか？

「『ヨーロッパでは見かけない色の組み合わせのものでした。……こういうのは、一般のヨーロッパの人々はあまり興味を持ちませんが、専門の人は関心が強いです』」

長谷川わかは、日光にある左甚五郎の《眠りねこ》は、目を瞑《つぶ》って眠っているが、何べん見ても、目が開いて視えると言う。爛々とした丸い目をしている、と言う。モンナ・リーザには言わなかったが、《最後の晩餐》を長谷川が視たのと機能的に関係があると私は思う。

五重の行列

　モンナ・リーザは私の正面に立っていて、積極的に話してくれていて、長谷川わかがそのままに通弁してくれている。

「モンナ・リーザさんが、

　『それからずっとあとになって、ルーブル美術館にあるワタクシの絵が日本にまいりました時に、大勢の方がご覧になってくださいましたから』

って」

私としては、その展示と同時にあった客観的出来事とセットにして、モンナ・リーザの出現を時間座標としておきたい。たとえばだが、日本の古代の金印と伝えられた歴史を錨《いかり》をおろすようにBINDしておきたい。そうしておけば、あとで事態がどうなろうとも、その時の判断材料となり、証拠となり、またデータとして収集の時期を示す証明書にもなる。

：　その時に、どういうことがありましたか？

「『この絵を日本に一時輸出するのに問題がありました』」

もし差支えないようなら、訊きたい。

：　どういう問題ですか？

「『技術上のことです』」

：　教えてください。ただ、口にしてはまずいことでしたら、云わないでください！

「『絵の保存上の問題です』」

そう、長谷川わかは、モンナ・リーザのスピーキングを通弁した。

「『ミロのヴィーナスは、こういうのは硬い石みたいのですから大丈夫ですが、こういう絵はフランスと日本では気候が違っていて、日本はヨーロッパよりも湿気がありますから保存上困難があるっていうことでした。それで、ルーブル美術館の担当の方が監査して、日本の博物館の方と技術の方の努力でできました……』」

モンナ・リーザが主導で話し、私は受動的に長谷川わかを通して聴いている。

「『それで……日本の技術者の方が、ワタクシの絵を照らす照明を工夫してくださいました。そしたら、ルーブルの側《がわ》で、女性の担当官が〝ジョコンドが若返った〟って言っていました』」

ここは、非常によく分かって印象に残り、よくよく自分の脳に記銘した。長谷川が続ける。

「『それで、展示会が始まると、日本の方々がたくさん見に来てくださって、五重ぐらいの行列になりました。ワタクシもお礼のために、絵のある所から入口まで、端から端まで、何べんも会釈しながら回りました。このいま着ている緑色の正装で、みなさまに感謝を表しながら、歩いて回ったのです。何日もそうしていました。

それで、また上野公園や駅のそばを見て、秋葉原にも行きました。四角いガラスの箱に絵が写る、そういうのにレオナルド・ダ・ヴィンチさんが描いてくれたワタクシの絵を展示していただいた時ですから、みんな映っていました』」

そのガラスの箱とはテレビのことであろう。

……それ、白黒でしたか？　それとも色が付いていましたか？

「『映っているのは全部色が付いていました。ルーブルにある絵と同じ色でした』」

……モンナ・リーザさんは、ルーブル美術館のご自分の絵を視たことがあるのですか？

「『あります。よく視ています』」

……ご自分の絵をご覧になられて、きれいだな、とか、神秘的だな、とか思いますか？

こういうこと、伺ってはちょっと変かもしれませんが、どうでしょうか？

「『レオナルド・ダ・ヴィンチさんは絵がとてもお上手です。そういうことは別にして、自分で自分の絵を視るのは……いまの時代の女性は、キカイで作った色の付いたご自分の絵をたくさんもっていらっしゃいます。それを大きくしたものが、それを作る店の店先や、駅などに飾ってあるのを見ます。ご自分でご自分のそういう絵を見るのと同じ感覚だと思います』」

これは写真のことだろう。写真館の入口に引き伸ばされた写真が飾られていることがよくある。

……そうですか

「『それから、そういうふうにキカイで絵を作ることを趣味になさっている人々が、ご自分で作った絵をコンテストに出して入賞したりすると、展示されたりすることとありますね。そういうのを絵になった本人が、絵を見るのと同じだと思います』」

一九六二年当時、銀座あたりにカラーフォトギャラリーなるものがあった。ここにはフォトコンテストで入賞した作品が飾られていたが、このモデルとなった女性が、展示された自分の写真を見るのと同じ感覚だということだろう。

確かに、モンナ・リーザの云う通り、女性のカラー写真や映像印刷は、ファッション企業のみでなく、ありとあらゆる所で盛んに使われている。

カラー写真とかそういう害毒語をモンナ・リーザに教えない。センスというか、美的感覚は、観念の問題になってしまっている。モンナ・リーザは、生きている感覚自体なのだ。それをキープする。生き生きしたまま。

「『それから、レオナルド・ダ・ヴィンチさんの描いてくださったワタクシの絵の展示会をちょうどやっている時ですから、道路とか宣伝用にワタクシの絵がたくさん出ていました。駅にも街にも本屋さんにも博物館にもワタクシの絵が出ている本がたくさんありました』」

こちらから質問しなくても、モンナ・リーザのほうからどんどん積極的に話してくれたので、よいデータ収集ができて、大変感謝した。

こういう時、モンナ・リーザは、人間にまったく理解できない方法で、まるで時空をワープするかのように、移動できるらしい。私は知らなかったが、この出現スピークをした一九六二年より以前に、日本で《モナ・リザ》の展示会があったのだろう。彼女の話は、過去の話であり、すでに過去完了となり、確定した客観的事象であると思われた。そう思い込んで、その時、モンナ・リーザの話を聴いていた。真実に。

8

令夫人《モンナ》・リーザ出現の時 II

出発のきっかけ

：　外国の美術館などに行く時は、どういうきっかけで行くのですか？

「『ルーブル美術館の廊下などで見たり何かの折に知って、見たいなと心にとどめておいて、展示会が近くなると、広告などにも出ますから、時期に合わせていくのです……。美術の愛好家が行く時に合わせることもあります』」

：　すると交通手段はどうするのですか？　モンナ・リーザさんが話されるのは、普通の人には聴こえませんし、そういう時長谷川わかがいればよいですが、日本からイタリアまで飛行機に乗って行かないとなりません。それに、人と人の英語通訳として私もいないとなりませんが、サラリーマンですし、会社がありますから行けません。街の旅行会社で切符は買えるのでしょうか？

「『現地集合で行くのです』」

：　……すると、集合場所は、イタリアの空港の出発ロビーに集まるのですか？　モンナ・リーザさんは飛行機に乗れるのですか？

「『いえ、行先の国に直接行きます』」

：　じゃ、日本だったら東京国際空港ということですか？　空港の到着便ゲートのあたりで待ち合わせるのでしょうか？　バスに乗るあたりとか？

「『いいえ、建物の中です。いろいろなものを入れたケースが出てきて、人々が熱心に見ている所です』」

空港のバゲージクレームのターンテーブルのあたりか？

：モンナ・リーザさんのケースは、どんなのですか？　革、プラスチック、アルミ――これ金属ですが――などありますが……

「『金属も一部ありますが、ガラスのケースです』」

：ガラスじゃ割れますからキケンです！　ありえません！　中身も見えちゃうし……

「『飛行場とか電車の駅とかに行くのではなく、目的地に直接行くのです。見に行く所、ケースがいっぱい置いてある所です』」

：どういうケースですか？

「『銀座のレストランにあった、お料理の入っているガラスのケースです』」

：じゃ、銀座のレストランの前に集まってから行くのですか？

「……モンナ・リーザさん、さも可笑しそうに笑ってらっしゃいます」

：いまどこにいらっしゃるのですか？

「あなたの真ん前です。口に手を当てて笑ってらっしゃいます。で、『出て、直接行きたい所に行きます』ってておっしゃっています」

：それは、絵の額とかガラスをとっぱずして、その絵の裏っかわに入って、そこから出るのですか？　すると、さっきモンナ・リーザさんが、ここにいらっしゃる時もそういう感じだったのですか？　いまはレオナルド・ダ・ヴィンチの描いている絵の裏から入って、表から出て……ということですか？

「こんどはまじめな顔でおっしゃっていますよ。

『絵の前からです。さっき、お二人がレオナルド・ダ・ヴィンチさんとお話しされていた所へワタクシが来た時も、そうです。行きたい所へ直接行くということです』」

：　な－るほど……？

よくは飲み込めないが、どうやら、どこだかは分からないが、ある出発点から、ここ高輪ゲートウェイの泉岳寺にある四十七士のスクエアにパッと来たということらしい。

：　先生、モンナ・リーザさんは、いまどこにいらっしゃいますか？

「あなたの真ん前、八〇センチぐらいです。大石内蔵助《おおいしくらのすけ》さんのお墓からは斜めに三～四メートルくらいかしら？」

：　どういう格好ですか？

「さっきのままです。日本の王朝風の十二単《じゅうにひとえ》を地味にしてヨーロッパ化して、現代の女性の洋服と中間みたいなものです」

：　そうしますと、さっき、モンナ・リーザさんは、いつどうやって、ここにいらっちゃったのですか？

「『ワタクシがレオナルド・ダ・ヴィンチさんに絵を描いていただいて椅子に座っている所を、お二人で、ワタクシが瞬《まばた》きしているとか、息を吸っているとか、手を動かしているとか、調べていらした、そういう時です』って。これって、わたしから言うと、テレビ映像と同じです。三次元の映像が出るテレビが将来できても、出ている人は、姿だけでふぬけ状態でしょう。でも、そこへ、モンナ・リーザさん本人の命、知性、魂が入ってきたということでしょう？　そうじゃなきゃ、あなたがこうやって、モンナ・リーザさんとお話できないでしょう？　そうじゃないかしら？

レオナルド・ダ・ヴィンチが描いていた絵のほうに入ったのではなく、椅子に座ってわたしに視えていた、モンナ・リーザさんの映像のほうに時間的にずれて入ったのです」

モンナ・リーザの魂《ソウル》

日本では昔から仏教には〝仏《ほとけ》作って魂《たましい》入れず〟という言い回しがある。これは神道でも同じだ。仏師が仏を金属や木で造って、芯《しん》（魂）が入っていないのを、然るべき僧や神官が拝んで、魂を入れる。

「わたしが霊感で視えていた虚の動く映像に、あとからモンナ・リーザさんの魂が来て、ちゃんと入ったのです。だから、その時からずっとあなたと会話しているのです。そうでなければ、会話は成立しません。

ヨーロッパでは、こういう考え方はしないのかもしれませんが、日本の考え方では、こう言えなくもないです。モンナ・リーザさん、ご本人も
『そうみたいです』

っておっしゃっているのだし……」

バーチャル・リアリティー（ＶＲ）的な、カラー３Ｄ出現像にシャッとモンナ・リーザの本物の生命がリアル・リアリティー（ＲＲ）的に入って、ＩＱでこっちの疑問に答えてくれて、活動してくれていた、ということらしい。非常に具体的に未来のことを、過去完了として伝えていた。


さっき、レオナルド・ダ・ヴィンチが絵を描いていたモデルとしてのモンナ・リーザは、歳は分かりにくいが《ヴィーナスの誕生》のモデルのシモネッタさんと中年の間ぐらいに視えた、と長谷川わかは言っていた。ここは大いに考えていかなければならない。レオナルド・ダ・ヴィンチは、黒い帽子をかぶって、日本の絵描きも着ていた、白とクリームの中間色の上っ張りを着て、彼女を描いていた。

モンナ・リーザは、椅子に座っている状態ではじめから出現したのではなく、後に、私の熱心な要求を受けて、〝出現してあげよう〟という意志を持って、真に出現してくれたのだ。その時に、モンナ・リーザのｂｅｉｎｇとしての完成体が成立したのだ。

《モナ・リザ》の絵は神秘的だが、モンナ・リーザ本人は、ただの女性というより、神秘そのものだった。ここに重要現象を発見、プラスになった。

頃合い

もうだいぶ話をした。そろそろ引き上げる頃合いだろうと思った。実験だから仕方ないが、モンナ・リーザに無理難題をふっかけて、無理にお付き合いいただいて、これ以上、迷惑をかけられない。

……あの、モンナ・リーザさん、今日思いがけずお会いできて、お話できて、非常に光栄でした。こういうのは、決して普通の人間には視えませんが、この長谷川わかによって、モンナ・リーザさんの生きていらっしゃるのと変わらない、ご本人と会話させていただけて、とても感激しています。

こうして、お話ししてみて、ジョコンド夫人は、とても頭がいい方だと思いました。お話の内容も、実験上、とても有益で興味深かったです。ご親切に実験に協力してくださって、とても為になりました。五つぐらい発見できました。

モンナ・リーザさんは優秀で、真実に神秘であられて、しかも、ご親切で、美しくて優雅で、気品がおありになって、そして、私はそういうモンナ・リーザさんと、二〇世紀の一九六二年に、お話しできて、本当に幸せでした！

「……モンナ・リーザさんが、

『親しみを持っていただくのはありがたいですが、そういうことでしたら、ワタクシなどよりも、いまの時代のフランスやイタリア、ヨーロッパのどこの国にもアメリカにも、その他の国にも、若くて美しい方がたくさんいらっしゃいますから、そちらに注目してください』

って、おっしゃっています」

……これは、ちょっと、ふられた感じになる。

……若くて美しい方がたくさんいらっしゃるって、どうして知っているのですか？　不思議ですが……

「『そのへん、よく歩いていますから』」

……そのへんって、どこですか？

「『ローマ、ミラノ、フィレンツェ、パリなどです』」

……本当ですか？　モンナ・リーザさんは道を歩けるんですか？

「『歩けます。上野も歩きましたし』」

……でも、日本で歩けても、ヨーロッパで歩けるとは言えませんでしょう？

「『同じです』」

……できましたら、バランス上行かれるフランスの都市をもう二つ教えてください！

「『パリって言っても、広いんです。都市をいくつか合わせたぐらいに大きいんです。ですから、フフンスはパリとパリ近郊です』」
商店街を歩いてウインドウショッピングをしたり、通りを行く人のファッションを楽しんだり……そんな感じらしい。モンナ・リーザは、美術的に視る旅を堅実に行っている印象を受けた。

：　先生、いますぐに、いや言い直します。日本と時差ありますから、昨日の昼間のイタリアのローマ、ミラノ、フィレンツェ、フランスのパリに視覚だけ飛んでぶらついてみてください。街の人々はどう視えますか？

「これは現在の生きている人たちですし《ヴィーナスの誕生》のモデルのように昔の人ではありませんから、視える度合いは一〇〇％です。一般の普通の人が肉眼で見るのと同じです。ただ、美しい人の洋服は〇％です。まったく視えません。

美しい女性の場合、女風呂で見るみたいにスッパダカです。ドレスもビキニもハンドバックも、ハイヒールでさえも視えませんから、すっぽんぽんで背伸びしたまま歩いています。

わたしも女ですから、美しい方のファッションを見たいのですよ。でも、絶対に視られません。これは日本でもそうなの。並んで歩いている友だちのは見えても、美しい女性のは全然だめです。銀座でも、渋谷でも、青山や、表参道のほうでも、視えないのです。

だから、これ、もう、自分でも何とも言いようがなく、不思議なんです。この脳と視聴覚の原理を世界の学者に研究してほしいのです」

……分かりません！　どうしたものか……

「わたし、いろいろ分かってしまうので、警察からむりやり鑑札持たされていますし、女性の健康診断もします。その個人のことも要約した映画のようにすぐに視せられますし、スピーチはわたしの〝神〟が判断してくれますから、ミスコンテストの審査員の資格ぐらいはあると思います。でも、ファッション・ショーは、あれは、洋服の競争ですから、〇×付けるだけ、と言われても、視えませんから、審査はできません。モデルさんてみんな美しいでしょう？　そうだと着ている洋服が視えませんから」

モデルの体の美しさ、健康状態、人格、運勢、ドレスのデザイナーの未来の運命……長谷川わかは、すぐに分かる。しかし、ファッションの審査はダメなのだ。

9

令夫人《モンナ》・リーザとアジアの仏

ていた。

アジアの仏

「『アジアにも美しい人がたくさんいます。そちらのほうに関心を向けてください』」

お世辞だろうと思ったが、モンナ・リーザは念を押すように、二回、強調するように言っていた。

「『いまはアジアのほうに興味を持っているのです』」

：じゃ、アジアにも行かれたことがあるのですか？

「『ひとりでも、アジアを見学に行きましたから、よく知っています』」

：ご覧になられるのはどんなものですか？

「『仏像などです』」

意外なことを言い出したものだ。モンナ・リーザと仏像など、到底くっつきにくい。でも、なかなか重々しい取り合わせだ。

：どうしてアジアに行かれるのですか？

「『こういうふうにして、視に行っていて、ヨーロッパの美術は素晴らしいですが、絵画、彫刻、美術工芸品、調度品、建築物、庭園など、みなことごとく、視て、視て、視て、視つくしました。イギリスにあるものも含めてです。ですから、もう視たくても視るものがないのです』」

ヨーロッパの美術に義理立てて、Q＆Aを中止しようとしたが、でも、ことごとく視つくして、視るものがない、というなら、仕方ない。

：　どのあたりに行かれたのですか？

「『アジア全域です。中国、韓国その他などです。シルクロード関連のものも視ました』」

：　中国では、どういうものをご覧になられましたか？

「『万里の長城に行きました。万里の長城の上を歩いてみました』」

：　そういうのは空中からパッと行くのですか？

「『いえ、普通に門から入って、普通に入口から階段で上がって歩いてです。門まではいつもどおり、現地集合で行きました。その他、いろいろな史跡がたくさんあって、そういうのを視ました』」

中国の三国志のを探訪したかどうかを訊いてみたいと思ったが、やめた。

：　中華料理は召し上がりましたか？

「『そういう機会はありませんでした』」

：　日本にはラーメンというのがあって、醤油のスープにスパゲッティを入れたのみたいですが、食べたことはありますか？

「『日本で食す機会はありませんでした。でも食べるとおいしいと思います』」

：　ピータンと言って……

アヒルの卵を泥のペーストをまぶして、甕《かめ》に入れて、一年以上発酵させて……と説明しかけたが、悪いからやめた。

：　仏像の他に、何を視ましたか？

「『ものを入れるもの、壷、皿、などです』」

：　瀬戸物みたいのとか、土みたいのですか？　金属のですか？

「『両方あります……。白磁や青磁の壷、泥みたいなのでできた器、金属の盃《さかずき》などです』」

：昔というのはどの程度昔ですか？

「『とても古い、大昔のです。ワタクシが生まれた時よりも、もっとずっと前のものです』」

：　シルクロードはどのあたりへ行きましたか？

「『敦煌《とんこう》の莫高窟《ばっこうくつ》です』」

：　何がありましたか？

「『仏像と仏の絵をたくさん視ました』」

：　他に何かありましたか？

「『博物館みたいな所で、当時の人々の家族四～五人と、馬だかラクダみたいなのの、色あせたような、赤、青、緑、黄の粘土で作って固めたようなものです。それから、他の所で、大きな門や、大きな塔を視ました。ワタクシは、他の方たちの後ろから、二メートルほど離れて、あとを付いていくのです』」

：　そこでお食事はされましたか？

「『移動が忙しくて、食事をする機会はありませんでした』」

カンボジアのアンコールワットを視たかもしれないな、と思ったが当時は、国外からは行かれないような状態だったから、質問しなかった。

：　他にどういうのがありましたか？

「『頭が塔みたいにとがっている仏像を見ました』」

：　それは、釈迦の福相のひとつのことでしょうか。まさか、キューピーさんの頭みたいに、じゃないでしょう？

「いえ、キューピーさんどころか、もっとずっとです。東京タワーっていうほどじゃないけど、ピンピンになって視えています」

：　考えられませんね！

「こうして視えていますから、あるのでしょう。視えるっていうのは、はずれることはないです。さっきの、大きいのが、ちゃんと視えていますから」

――一九七一年に、タイのホテルで、頭頂がピンピンにとがっている高価な仏像が売られているのを見た。また、巨大な仏像で、頭がピンピンになっているのが、野外に坐禅して、三体並んでいる写真が展示されているのも見た。モンナ・リーザの云っていたことは真実だったのだ、と痛感した。

「『それから、とても大きい、横になっている黄金の仏像も視ました』」

：　どのくらい大きいですか？

「いま、わたしに視えているのでは、一〇メートル以上あります。黄金色で、とてつもなく大きいです。右を下にして横たわっていますが、その高さ（体の幅）だけでも、わたしの身長ぐらいあります。

『青い仏像もありました』

って、おっしゃっています」

——一九七一年に、タイのエメラルド寺院のエメラルド仏を見た。このことだったのか、と思ったが、はっきりとは分からなかった。また、青い仏像とは、敦煌の仏群のブルーのを云ったのか、それともそれ以外の青い立体仏のことなのか、これも答えは分からなかった。


「『インドにも行きました』」

：　インドではどこに行きましたか？

「『タージマハルに行きました。独特のしんみりとした美しい宮殿みたいな廟《びょう》です。インドの前ムガール帝国の王が亡くなった王妃のために、死後住むために造ったのですって。球根の形の大理石の白い大きなドームがあって、前の庭に水路がありました』」

そのインドの王は、信仰のために造ったのであろう。

：　王妃を見かけませんでしたか？

「『視ませんでした』」

王妃とモンナ・リーザが出会うということがあれば、面白かっただろう。

死後の生活のための宮殿を造っても、死んだあと必ずしも、そうなるとは限らない。レオナルド・ダ・ヴィンチやモンナ・リーザ、ソクラテスのようなケースは稀なのか？　王妃がたまたまタージマハルから出かけて不在だったかもしれない。しかし、両者が意志を持って話をすれば、きっと通じ合えたろうと思った。


：　あとは、何をご覧になりましたか？

「『ガンダーラ美術です』」

：　モヘンジョダロだかハラッパだか、そういう所へ行くのは大変でしょう？

「『こういうのを視るのは、博物館です。ただ、美術として視に行くのです。あとは、ついでに近くの街をちょっと視てみるという程度です。日本で銀座や京都を視ましたように』」

：　たとえば、どんなのがありましたか？

「『修行者の姿で、目が引っ込んでいて、とても痩せているのを視ました』

って、モンナ・リーザさんがおっしゃっていますが、わたしにも同じのがいま視えています。これは、仏像ではないです。お釈迦様が苦行林でやっていた、断食中の姿です。像じゃなくて、その時のご本人です。胃袋のほうから、背骨が視えます」

：先生、それ間違いです。もし背骨でしたら、背中側から視えているのじゃないですか？

「前からです。胃のほうから視ていて、背骨が視えるの。

そうだわ、わたしも、〝神〟に言われて、五十日間の完全断食をした時、このぐらいガリガリに痩せていました、わたしの場合は、苦行っていうんじゃないですけど……。でも、わたしの場合は、自分のお腹側から、じかに手で背骨にさわれたのです。

で、モンナ・リーザさんが何か云っています。

『色は着いていなくて、粘土のままの色ですが、仏像と、額に入れてある絵画と、彫刻の中間みたいなものもあります。人数も複数です』

って」

これは釈迦の一生を、額入りの紙芝居のような立体彫刻にしてあるものだ。紙芝居よりは、大きくて厚くて重いが。キリストにもこういうのがある気がした。

：はじめて仏像をご覧になったのは、どこでしたか？

「『ヨーロッパで、です。第二次大戦の前、ドイツで、でした』」

仏教とドイツというのは、合致しなかった。ドイツといえば、ルッターとか、グーテンベルグの聖書印刷が浮かんでくる。でも、確かに、仏教を理屈の上で、かなり理解したと言えるショーペンハウエルもある。同著『意志と表象の世界』を読もうとしたら、序文に仏教を分かっている人はこれを読む必要はない、と書いてあった。

「『この時は、仏像を見に行こうとして行ったというのではなく、普通にヨーロッパの美術を視に行っていて、その時にたまたま、寄ったベルリンの展示場に置いてあったのを視たのです。ヨーロッパは、広いように見えて、そう広くないですから、あちらこちらに行けます。ドイツはフランスのすぐ隣ですから、通り道で、いろいろな国へ行く時に途中で通ります。その時に寄ったのです。

それから、仏像は、上野でも、京都に行った時も視ましたし、イギリスの博物館でも視ました』」

：　京都はどこで視たのですか？

「『京都の博物館です』」

《モナ・リザ》というのは、絵でしか存在しない。決まっている。モデルになった人が過去にいたとしても、昔のことだから、もう発散していないと思っていたが、そうではなかった。〝情報生体〟としてbe·ingしている。

実物のモンナ・リーザが、二段構えで魂の入った3Dで出現して、Q＆Aで会話できたのだから、驚く。

しつこく質問したのに、〝情報生体〟の実物が、面倒がらずに親切に教えてくれた。こういうものは、人間の女性と天使、女神の類の中間のような位置付けなのだろうか——どう表現したらよいか、分からないが——私はそのように感じた。

ただし、神、女神、天使の類だったら、人間の願いをかなえてくれるように努力するものだが、モンナ・リーザは、神秘的な知恵はあるけれど、自分のことを教えてくれる、交際してくれる、という以上はできないと思う。

ハンス・カロッサ

ドイツの文学者のハンス・カロッサは、日本人は生まれながらにして、漢字習得の環境が整っている。自分は三文字しか読めないと嘆いていたという。隣の部屋に、床から天井まで、禅・仏教の書籍が置いてあったという。

そして、この種類の禅仏教は、キリスト教におけるエックハルトの行き方と共通している所がある。

参考——
仏教では、六神通《ろくじんつう》というが、長谷川わかは、六神通のうち、五神通《ごじんつう》を持つ。天眼通《てんげんつう》、天耳通《てんにつう》、他心通《たしんつう》、を持つ。

神足通《じんそくつう》、宿命通《しゅくみょうつう》などはこれに相当するのを持つ。

X　科学

Y　五神通

Z　漏尽通《ろじんつう》　禅仏教における悟り

これらはたとえて言えば、立体座標みたいな直交の関係にある。

長谷川わかは、漏尽通は持っていない。ここは、いささか、私が補っている。

それで、ZとYを比べてみると、

ちゃんと悟りを持っている坊さん（Z）が、ちょっとテレビでニュースや何か番組を視ている（Y）という感じになる。

大学へ行こうとする途中に、映画館が面白いのをやっていて、観に行くと、大学の勉強をしそこなってしまう。だから、ある種の質問にお釈迦さんが口だけ動かして答えなかったのは、無記ということなのである。肯定も否定もせず。

池袋のデパートで《ガンダーラ美術展》があって、見に行った。まさにそれが出品されていた。これはやはり、苦行中の釈迦の姿だった。一日に胡麻一粒で、断食していた。このような苦行をやっていたのでは、悟りを得る前に死んでしまうと気づいた。

それで苦行をやめて、尼蓮禅河《にれんぜんが》で体を洗い、苦行中止を宣言した。尼蓮禅河から岸に上がろうとしても、力つきて、上がれなかったという。あれではそうであっただろう。そして、上がって道に倒れていると、牛飼いの少女スジャータが通りがかる。スジャータが捧げる牛乳でひと月ほど身を養い、菩提樹《ぼだいじゅ》のもとで、枯れ草を山のように敷いて、

我、正覚《しょうがく》を得ずんば、この座を立たじ

と誓って、坐禅 zen-sitting を始めた。そして……ついに、蠟月《ろうげつ》（十二月）八日、暁、金星の燦燦《さんさん》と輝くのを見て、大正覚を得る。この時に、次の言葉がある。

「奇なるかな、奇なるかな、天地一切の有情と無情と、我ともに成道す」

こういう状況を表す時、仏像でなく、樹であらわした。本当は、そのほうが合っている。何もなくなってしまって、かつ、宇宙全部以上である。

色即是空《しきそくぜくう》　空即是色《くうそくぜしき》

それが自己にして他己。そして宇宙一切。

その逆とデジャビュ

一九六二年、高輪ゲートウェイで、レオナルド・ダ・ヴィンチに続いて、令夫人・リーザが出た。《モナ・リザ》の絵が来日したことについて、過去完了の形で、内容及び、その時間的にも場所的にも、周辺のことについて、長谷川わかを通じて語った。上野の様子

や、秋葉原の商店街のことも、であった。そして、はじまりに「『その次に日本に来ました時に……』」と語った時、私は忙しかったから知らなかったが、その絵が日本に来たという事実があったのに違いないと思い、普通にモンナ・リーザの話を聞いていた。そのままさらに多忙となり、すっかり忘れていた。

一九七四年に、会社で声の大きなセールスマンが、広い部屋で、新聞の夕刊を見たのか、

「《モナ・リザ》が来日した」
と言った。

「見学者が、上野国立博物館に、五重に行列しているんだってよ」
と聞こえた。

行きたくないわけでもないが、そんなに長蛇に並んでいるのでは、見るのは、まったく不可能である、と思った。前に、モンナ・リーザ本人より、一九六二年に、
「『後にワタクシの絵が日本に行きました時は……』」
と対話していたのは、過去完了的に完全に忘却し去っていた。

一九六六年に、長谷川が死亡した後、たまたま田中《でんちゅう》という言葉を聞いた（田《でん》という字

がつく中学校のことだった）。何か思い当たる所がある感じがした。

また、上司が、カードのたくさん入った財布を紛失。警察へ遺失物届を出し、またもとの場所に戻った。大きな植木鉢をいじったり、水の入った鉢をひっくり返したり、まったく関係のないことを熱心にやって大騒ぎしていたので、無駄なことをやっている、と思ったのだが、この行動の因縁がピョーンと他へ飛び、前にこれとそっくりなことを経験したことがあることを、強く思い出した。

そして、田中《でんちゅう》は、「殿中《でんちゅう》でござるぞ」と通じた。浅野内匠頭《あさのたくみのかみ》は、殿中の松の廊下で刃傷に及んだが、長袴の裾三〇センチを、カジカノヨソベーに踏み留められて、前へつんのめった。

10

赤穂四十七士出現スピーク

日本中の皆様に

これは一九六二年一一月三日、高輪ゲートウェイ駅近くの泉岳寺境内、四十七士のスクエアでの実験である。私と長谷川わかのハーフ&ハーフ（長所と短所を補い合う）で、協力調査すると、現代の事件はよく分かり、当たりすぎてまいってしまい、憂さ晴らしのために、物見遊山的に品川のそば、高輪ゲートウェイ付近に来ていたのだ。

：　これが大石内蔵助の墓です

と言って、放っておくと、「あっ」と言って、長谷川わかが歩いてきた。

「わたし、いま〝あっ〟て言ったでしょう。八百屋で買い物し終わって、帰ろうと振り返ったら、黒ヘル、黒ジャンパーの暴走族が車道からバッと来ちゃったのよ。ダンスするみたいに、頰と頰がくっつきそうになって。見たら、大石さんなのよ。たったいま、討ち入り終わってキラ邸から出て来たっていう姿なのよ」

名前を訊いてもらうと

「『拙者、大石ヨシタカと申すものでござる。日頃より日本中の方々に拙者ら赤穂の浪人どもにお参りいただき、関心をお持ちくださり心から御礼申し上げ申す。……吉田忠左《よしだちゅうざ》衛門《えもん》と相談して、吉田の家来の足軽の寺坂を、浅野の奥方、弟大学と、郷里のお入り仲間の遺族への報告に派遣し申した』」

と云った。名前を何遍聞いても、大石内蔵助《おおいしくらのすけ》とは云わないから、ニセものだとして追放した。息子の大石主税《おおいしちから》のほうへ行くと、出て、歳は十五歳なのに、一七三センチ、体重もある。ヨシタカという人を追放した、と言うと、

「『ヨシタカは拙者の親父でござるよ』」

と、腹を抱えて大笑いした。それでまた戻った。

：大石さん、赤穂事件について教えてください！
「『はじめに早かごが来て、松の廊下の刃傷をはじめて知り申した。次に二便が来て、読むと最後に〝札座の件、よろしく〟と書いてあり申した』」
：それは札座は藩札をどうのの話じゃなく、殺座《グループ》でしょう？ 江戸城内の
「『よくお見透し申された。直ちにある寺にたのんで、その縁のある江戸の寺から、浅野のいた駐在所に線香をあげに行ってもらった。警備厳重だが、僧形だったので割合に楽に通れた。当時は僧は尊敬されていたのだ。部屋に入ってみると、上座の左側の畳に雑然と、七〜八冊置いてあり、中のひとつが浅野内匠頭《あさのたくみのかみ》の元禄十四年（一七〇一）三月九日より刃傷前日の三月十三日までの日誌であった。急送してきたのを読むと、浅野殿が三月九日以来体験したすべてのことが目立たぬよう、詳しく書いてあり、事件の全真相

を知った。ただちに火鉢で焼却した』」

……大石さん、女遊びについて教えてください！

「『たはっ、こ～れ～はお手厳しうござる。武士の情、お手を軽うにお願い致しとう存ずる』

って。はあ～ってため息ついているよ。

『山科では、敵を欺くためにやむを得なかった。ああいう所の女は、金払って機嫌よくしていれば、問題ない。拙者、酒は嫌いなほうではないが、二日も飲めばもう、とっくりを眺めるのもいやになる。どんぶりを置いて、飲んだふりして、捨てていた。女も二回もすれば、もういやになる。わざと酔ったふりして道端にひっくり返っていたら、その噂が伝わるのがすごく速かった。山科には、幕府の間者が三人、キラの間者が二人来ていたが、そうしていたら、そのうち、キラのほうは来なくなった。幕府のほうはしつこくいつまでも付けてきた。討ち入りの前々日にも、赤坂へ女を買いに行った。昼は尼の形をして清純、夜は妖艶な女だった』」

武士と芸術

大石は、討ち入りが決まった最後に、橦木町《しゅもくちょう》の遊郭に行き、唐製の骨とう品の硯《すずり》を女中にすらせ、炬燵《こたつ》を積みあげ、書きものを終えたあと、その硯をそのまま女中に下げ与えたという。
「『女遊びをしに行っていた橦木町へ行くのに、山を越えていて、ふり返ると東山の山景が美しい。遊郭の二階の廊下で板に彫り付けて、天井の所の欄間《らんま》に付けて、東山天皇が狙われていることを示した』
……板に彫り付けた……って、武士が美術をするのですか?
「『拙者は日曜人工が好きで、うまいほうだと思う。面も作った。ひょっとこは作らなかったが、おかめの面は得意中の大得意でござる。これはいまでも川崎のほうの寺にある。冨森助右衛門《とみのもりすけえもん》が納めに行ってくれた。寺では、神社の絵馬みたいに保存してくれる。絵も収めた。絵は三人ぐらいで蹴鞠《しゅうきく》をやっていて、品位のないのがキラ殿だ』
蹴鞠って、足でバレーボールをやるみたいのよ。
『鞠を上に蹴り上げて、今にも雲の上に上がりそうになった時、浅野殿が松の廊下で刃傷したから、鞠が割れた所でござる。ご覧になられるなら、寺の住職に〝大石から云われて見せて頂きに来た〟と言えば、見せてくれるだろう』」
私は遠慮していたが、十二月十四日に公開されているのを知り、見た。大和絵というのかもしれないが、相当に上手だ。専門家レベルに達していた。おかめは武骨な顔で、頬は出て唇は黒かった。

美術は、西洋人でも日本の武士でも共通だから、レオナルド・ダ・ヴィンチが居合わせればちょうどいい具合だったが、ダ・ヴィンチが出現したのは一歩あとだった。

私は一九六二年に、長谷川わかに会ってすぐ、長谷川を通じて〝神〟から、

「『この人は、こういう幼児くらいの大きさの不動を祀ることになる』」

と言われた。

その不動明王は、裾のほうが特徴的だった。向かって右は、サインカーブを成し、乳に見えた。反対側はフジツボみたいで、蛙《かえる》を正面から見たシルエットのようにも見えた。火炎の所は三日月型の切れ目が多く入っているように見えた。そして、左手の下のほうを見ると、玉環《ぎょくかん》が付いていた。大石さんは運慶作だと云った。裾のほうは自分で加工したらしい。

大石と寺坂

大石はこう云った。

「『拙者の石の所へ参ってくれて、いろいろ同情して話してくださるのがちゃんと耳で聴こえるのでござる。これは儲けもんだ！ と思い申した。こっちから云えば、人々に聴こえるかもしれないと考えた』」

「『一番気になっていた寺坂吉右衛門のこと、お参りくださる方に聴いていただきたい。寺坂は武士でござる。逃亡したのではござらぬ。拙者が泉岳寺から派遣したのでござる。寺坂は武士でござる。そう伝えたかった』」

寺坂は、もっと早くから報告に出発すべきだったのに、次の辻までと云って付いてきて寺に入ろうとした。大石はあわてた。

「『止めても、命令を聞かず、入ろうとするから、原惣衛門《はらそうえもん》に命じて、そこにいた十人ぐらいに防がせた。寺坂は、猪のように門に突入をくり返し、あっちから来たと思えば、こっちへ来たり、あきらめて行こうとするふりをして、また突入する』これ、ラグビーみたいの。大勢でつぶすのよ何遍も。どうしてもって、泣き怒りしながらやっているんです」

堀部安兵衛《ほりべやすべえ》も出現した。

「『寺坂は男の中の男でござる。拙者は、埋まった身体の足を派遣する方向に引っ張り出す役でござった』」

と云った。

冨森助右衛門も出現した。

「『拙者が命じられて書いた討ち入り報告書に文章がいっぱい書いてあるその一番下に、

〝顔〟と飛び出て書いたが、寺坂の顔でござる』って。猪の絵字は、寺坂のことです。それでどうしても行かないから、大石さんが、俺にまかせろ、と云った」

他のものが槍をかついで寺の中へ入っていく中、寺坂だけ取り残された。あんなに入りたがっているんだから、入れてやればいいのに、という声もちらほら聞こえたが、大石は厳命している。

「それで、子どもの遊戯で〝子を取りごっこ〟っていうの、あるでしょう？　親が通せんぼして、子どもたちがずっと後に連なるの。この時は、あとには連なってはいないけれど、意味的には同じです。寺坂さんが、寺に入っちゃうと、死ぬことになって、寺坂さんが遺族の面倒を見られなくなるの。スポーツで構えるみたいに、大石さんがやっているの。でも、入っちゃえば、こっちのもんだ、って、寺坂さんもやっているんです」

長谷川を通じて、大石のスピークが続く。

「『討ち入りするとイジが出るでござろう』」

：　それ、反対じゃないですか？　意地があるから討ち入りするんでしょう？

「『遺族、子が残ることでござる。寺坂に親孝行や妻孝行の代行をさせに行かせた。寺坂は、重要な役は違う上の人に命じていただきたい、と言った。そういうのは結婚している人でないとだめだと。若い独身の男では、家庭のことは分からないと。そして、寺坂はせめて殿様の墓だけ参らせていただきたいと言ったが、拙者は許さなかった』」

それでも入ろうとするのでついに大石は、寺の門の中へ一歩でも入ったら盟をはずす、と言い、寺坂を泣く泣く行かせたと話した。

泉岳寺は茅葺き屋根で、門の上は草が生えていた。敷地内には八棟ほど仏教を勉強する建物があった。

「仏教専門の単科大学みたいなの」

と、長谷川わかは言った。大石は、

「『入門するみたいでわくわくする。寺坂も来られればよかった。ただ、任務があるから仕方ないが』」

寺坂は百人の足軽の中の最低で、いかにも足軽という感じだが、頭は赤穂の武士の一、二を争うくらいで、他の人の四倍は働き、討ち入りの恩人だと大石は云った。

：　大石さん、学校の標札を視てください

「『〃仏教教習所〃と書いてある』」

と云った。講堂での講義を聴くために、曹洞宗の寺の僧が日本全国から集まってきて勉強していた。坐禅修行は北陸のほうでやっていると云った（永平寺）。

「『今まで石の所に来てくれる人に寺坂のことを云っても、まったく聴こえてないようだった。まったく通じず、知らんぷりして行ってしまうのでござる。普通の人はだめなのだろうと思い、学者風の人や、芭蕉の帽子みたいのをかぶった易者みたいな人、忠臣蔵の研究をしているような人、頭のよさそうな人……通りがかるたびに、今度こそ！と思って云ってみても、全然通じない。それで、二〇〇年も二五〇年もどなり続けてきた。今日、おん師たちに会って、いま云わなければ永久に云えず、と思って飛びついて出たのでござる。驚かして大変失礼申し上げた。どうか寺坂のこと、全国の方々におとりなしくださるよう、お願い申す。

〽カラリと晴れた　秋の空　〝楽しっ〟』

って、大石さんが」

（大石内蔵助　〝神〟もって告ぐ）

　汝志深し

寺坂吉右衛門、武士の面目欠く所なく、堂々立つる道理あり

この前　泉岳寺に来し時

面《つら》と面《つら》にて　奇手無理手《きてむりて》の数々総出《そうで》にて進上《しんじょう》し

偲《しの》び去らしむを認む

千万千万　お憤りと存じ奉り候

釈《ゆる》し給われ

（意味）

千万は万松山泉岳寺の山門の額。
寺坂は↑の方向にラッシュしてくるので、千万の順。

たばしる那須の志の原
小手《こて》のうへにあられ
武士《もののふ》の矢並《やなみ》つくろふ
（大石内蔵助　寺坂へ向けたメッセージ）

（意味）
武は反を左右逆さにした字で、上の弾丸は石弓の弾を示す。
矢は寺坂が山寺に入ろうと走っている所。
並は十人ぐらいで横並びしてそれを防いでいるところ。寺坂はつらかろう。
小は小野小町（討ち入りした仲間の遺族を支援するため、走ったこと）
わしらを覚えしか
走っていくのは
為すのはわしらの願いし志なり

また、寺坂の評価を秀上として書いてある。秀は立てひざして上に報告している姿。

11

こ～れは誠の奇跡でござる

細川邸の料理

「『御馳走《ごちそう》とは、如何なるものと存じ召さるるか？』」

：　パン食い競走みたいに、好きなものを食べようとして走っていくことでしょう？

「『さにはござらぬ。客人をもてなすために食材を求めて走ることでござる。われらの場合、寺坂が、討ち入りしたものの遺族を支援するために、郷里に走ってくれていることでござる。城落ち、藩《くに》破れようとも、我ら赤穂の浪人ども、細川の料理に舌つづみを打つ豚どもではござらぬ。上等な料理で量も多いから、イワシ、黒米《くろごめ》、納豆などを出していただきたいと申した』」

：　黒米とは、玄米ですか？

「『黒米は玄米ではなく、もとから黒い米でござる』」

：　切腹する日は幕府のほうで決めたのですか？

「『切腹する日は、拙者の指定する日にと申し出て、二月四日になった。最初四家に分散して、収される時、全部希望通りにしてくれた。親子が同じ所にいると、ふびんでならないから別々にしてもらった。また、相談できるよう、主だったものは同じ所にしてもらった。

切腹前々日に、花岳寺に手紙を書き、十七〜八名のものを逃亡してけしからんと嘘を書いたのは、幕府の監視があるからこういう書き方をしないと人名が伝えられないからだ。オイオイと書いてあるのは、泣きながらそう書いた、江戸で第一陣が失敗した場合、キラ達が峠を登って休憩する所を第二陣が撃つ計画だった。第二陣は鳥や獣を狩りして、穴ぐらに住んでいた小左衛門《しょうざえもん》父子は達者でござる。

切腹する前に、料理を担当するものたちが、四家から集まって、相談して、何か所望があるかというので、四家分とも、白い小さな皿に、キンカン二つ入れて各人に出していただきたい、と願い、その通りになった』」

：キンカンとは、日本男子としていさぎよく死ねという意味ですか？

「『成金とひっ付いているものに刃傷《にんじょう》したという意味だ。カンは小寒と大寒がある。同じやり方で二回やった』」

：大石殿には口癖はありますか？

「『〃死人に口なし〃。生前、自分でもそう思い、城で部下にも指導していたが、死ぬと何もなくなって、死人に口なしだと思っていた。しかし、いざ死んでみると、考えることができる。おかしいなと思って、手とか足とか胸とか、つねったりたたいたりすると痛い。不思議なことに、体も元通りになって、ちゃんとあるものはある。悩みがなくなったせいか、頭がよくなった気がする。お家再興のために苦心して、あらゆる努力をしていたこと、すべてはっきり憶えていて、思い出せるのでござる』」

三月十四日

浅野内匠頭も出現した。
：　これは刃傷してつかまってから作ったものですか？
「『三月九日より十四日のこと、刃傷の時の経験。待っている時、いろは歌、源氏物語、枕草子など論じ申した。〝ひむがしの野にかぎろいの立つ見えて……〟も詠じ申した。辞世は筆は貸してくれたが、紙はくれないので、自分の持っていたハナガミに書いた』」

（浅野のメッセージの一部）

勅使と打ち合わせした時、「能」をどの流派や出し物にするかに関して、観世流《かんぜりゅう》、宝生流《ほうしょうりゅう》、金剛流《こんごうりゅう》、金春流《こんぱるりゅう》、喜多流《きたりゅう》につき、お話しが出た

（浅野内匠頭の辞世の句）

かぜさそふ
はなよりもなお
われはまた

はるのなごりを
いかに
とかせむ

「『松の廊下で勅使の出られるのを待機していた時、襖を隔てたちょうど後ろ側で、大ハクションをした人があり、それで〝かぜさそふ〟と発句した』」

二月四日

大石も切腹の時の様子を語った。
「『安場一平《やすばいっぺい》に介錯させたのは、ウエの女の張るバクチの場を一辺に平らげたという意味でござる。介錯人に〝ハイ！〟と言ったら首切ってくれと言い、ちょっとしてから〝ハイ！〟と言った』」

（大石のメッセージの一部）
切腹する時、三ツ肉カッタ
小さい内臓みたいに飛び出している所を刈った

後に、慶応大学の近くの古本屋で見つけた本に、大石の切腹について書いてある箇所を見つけたが、〝みにくかった〟と書いてあった。

（大石良雄《よしかつ》の辞世の句）
槿花《きんか》一朝《いっちょう》にして
開《ひら》くこと難《かた》し
郷を思い
腹を断《た》ち
夕《ゆうべ》を待たず

世に言われることはないが、大石良雄《よしかつ》の本当の辞世は漢詩である。細川邸に最後に残っていたものを僧が持参して行った。

ハーフ&ハーフ

国会図書館で江戸期の様子を色濃く残すスポットを紹介した本で、興味深い記事を見つけた。

今日では場所は外れているが、以前、外神田に持光院《じこういん》という立派な寺があった。この持光院で大火があった時、半地下のような所に、四～五体の若い女の白骨が発見された。寺の火事なら、若い女は真っ先に逃げるし、焼死しても絶対、即、白骨にはならない。これは元禄において、相当な事件があったのだろう、と記者は書いていた。

この記事は、私が長谷川わかと、ハーフ＆ハーフで無資料で考古学実験をし、その記録を『超脳霊視聴　松の廊下（下）』に記したことの証明になっている。

あの時大石は、長谷川わかと私に向かってこう云った。日本古代史ポイント・リトリーヴ、愛と美のヴィーナス、ダ・ヴィンチ、モンナ・リーザ、その他、立ち会ったあとである。

「『おん師たちは……

こ～れは誠の奇跡でござる。

これをもって奇跡と言わずして、何をもって奇跡というべきや？』」

長谷川わか・白石秀行事件ファイル

一八八七	長谷川わかの祖父（横山）が御嶽山頂に登り、「自分の孫として、水戸黄門の生まれ変わりで霊感のある人間を授かりたい」とお百度参り。
一八八九	母、逆子わかの難産で母子ともに命危うく、医者が胎児を刻み出すべく看護師にメスを消毒させている時、成田で仕上がった一本歯の下駄の行者が通りがかり、この医者っぽろ何するか、大切な子だ、どけ！　と医者を突き飛ばし、突っ伏していた産婦の後ろから九字を切った。産婦はキャッと三〇センチ飛び上がり、その時子宮内で、わかが逆転。一〇日後安産。
幼少期	極端に憐れみ深く、米やみそなどを貧乏な家に配った。
学童期	成績は良かった。弁当を持たない子に自分の弁当を与えた。
青年期	外交官と結婚。女としての幸せを感じていたが、後に、夫の浮気に悩み、体調不良で死にかけ、天照大神と住吉三神を祀る石川霊感師夫妻のもとで祈る。病は治った。
一九二九	霊感発現。水ごりを取って、師と厳冬に水を浴び、濡れたまま神社参り。霊感強化。
一九三二	日常、アウトスピーク（自動口述）で諸事予言して当てるので支えていた妹が怒った。理解させるために〝神〟の操作により、イタリア人女性オペラ歌手を憑依させ、哀調あるメロディーで、近所中に響き渡る美しい声でオペラを歌った。音楽好きの妹は、わかが音楽とは無縁なのでこれで理解した。
	しかし、わかは悩み、〝神〟を追放してくれる大行者はいないかと

	探し歩き、交番で道をきくと、自動車で連れていかれ、翌日理学部卒のもと目白警察署長と八時間対決する。
一九三三	長谷川、五〇日間の完全断食。神のアウトスピークで自分の知らないことを云わされ、これを聞いて学ぶ。《長谷川にとっての高等教育》以降内的トークに。
一九三八	長谷川わか、自宅上空に、青い衣の聖母マリアを視る。悲しそうな顔で一ヵ月間出現。長谷川の〝神〟のコメントにより、第二次世界大戦の予言。
一九三九	長谷川わか、力試しに、警視庁「霊感占業」の試験を受け、日本の警察史上初めての鑑札を与えられる。
一九四〇	長谷川わか、自宅上空に白い衣の大天使ミカエルと、左右に従う天使が計三人、半年間出現し続ける。太平洋戦争の開始を予言。
一九四五	（一一月）長谷川わか、自宅の天井の下三〇センチにミニのB29が飛来し、何か落とし、パラシュートがピカッと光って、ドンと音がし（霊感で視聴）、巨大なきのこを視せられた。〝神〟が『これはアメリカの新型の爆弾である』と説明。 軍用機の扉が開き、黒メガネの軍人（マッカーサー元帥）がトウモロコシにおさえ箸をつっさしたようなパイプをくわえて出てきて、あたりを睥睨して、金属製の階段を降り、迎えの軍人と握手するのを視る。 また、執務室で、パイプの煙が垂直に上ってゆき、天井の所で、行き止まって、ゆらゆらしていた。

一九四六	銀座に米兵がいるのを霊視。こうして日本は負けると自覚。 長谷川わか、GHQ宗教指導者再教育。一〇〇人の指導者・試験応募者から合格者二〇名のところ、一〇番で通過。御嶽教（旧神道霊感派）助教授に任ぜられる。 戦前に、神道霊感派の本部で講演会があり、講師は病院の院長で、脳の解剖の専門だった。自ら霊感を持ち、はじめ鳩尾《みぞおち》でしゃべり、後、頭のてっぺんのほうで話すようになった、と語り、長谷川わかは、そのプロセスと経験がまったく自分と同じなので、とても名乗り出て質問したかったが、偉い先生が大勢いる中で出しゃばってはならないと、我慢した。
一九六二	筆者、エンスト、バッテリーあがりで、駐車を求め、長谷川邸に行き、同氏に出会う。三〇分前に、筆者のドッペルゲンガーが出て、〝神〟が「いま三〇分するとこういう人が来る」と言ったという。 翌日、精神病理学者から実存哲学の創始者に転向した、カール・ヤスパースの『精神病理学総論（上中下）』を熟読して考えた所、何ら異常はないと判断。 筆者初めて、長谷川わかを実験。 長谷川わかの〝神〟が阪神淡路大震災を予言。 （十一月）長谷川も同地震の規模を内的に体感。十四～五秒で四十七士の墓石がすべてすっとんだと感じる。 長谷川わか・筆者、浅野内匠頭・大石内蔵助以下赤穂事件当事者全員、出現スピーク。キラではない真の敵も、松の廊下の横の下の間

	（戸は開いていた）の裏側の細い廊下から来ていてみ台所（将軍の妻）に話しかけられ返事。また、大ハクション。刃傷直後、襟越しに目が合う。 長谷川わか・筆者、《ヴィーナスの誕生》の絵とモデルと画家ボッティチェリ出現。作画プロセスの詳細を視る。完全ヌードに描き上げた……。 長谷川わか・筆者、ダ・ヴィンチ、モンナ・リーザと出現スピーク交際。ダ・ヴィンチの《最後の晩餐》を詳細に解説される。
一九六三	（八月）長谷川わかの〝神〟、東西ドイツの統合を予言。 （九月）長谷川わかの〝神〟、ケネディ暗殺を予言、予言のあった記録を設置。 長谷川わかの〝神〟・筆者、マルクス出現スピーク。マルクスは冷え切った暗い所にいて、長谷川わかに自分のための護摩をたのむ。 （十月）長谷川わかの〝神〟、ソ連崩壊を予言。 （十二月）長谷川わか・筆者、イエス・キリストと出現スピーク。
一九六四	長谷川わか・筆者、ソクラテスと出現スピーク交際。ソクラテス、長谷川わかの〝神〟を実験。 長谷川わか・筆者、ジャンヌ・ダルクと出現スピーク。
一九六五	長谷川わか・筆者、埼玉県入間郡を発掘調査（一九三〇年に〝神〟が掘れと言ったが、戦争により延期）。霊視聴により、地中のミイラ二体は、川越野戦の戦国武将・上杉朝定らと判明。旧文部省四階の埋蔵文化財保護委員会事務局に許可と指導を依頼するも、人間が

	地中を視られるわけがない、と拒否される。
	（九月）一九九五年にくるはずの神戸大地震（阪神淡路大震災）の予言の確実度を極めるため、十日間発掘トライ。作業の様子は新聞五紙に十五日付で写真入りで掲載された。各方面でパニックにならないよう、市の対策の妨害にならないよう、配慮から地震の予言は記者に言えず。
一九六六	（十月）九日長谷川わか死亡。
一九七六	筆者、東大地震研究所の溝上恵先生ら二名を招き、一九九五年に来るはずの神戸大地震（阪神淡路大震災）について伝える。
一九八〇	筆者、オウムの流行により予言調査通報が困難になり行政への通報も阻害される。
二〇一一	（三月）筆者、三月一日に突如として、三月一一日に東日本東海岸一帯に地震・津波・原子力トラブルが起こることをこれまでの実験と経験を通じて確知。無資料考未来学の立場から、原子力行政と連絡がうまくいかず苦渋。執筆中の著書のおわりにの日付を三月一日とする。

おわりに

大学の物理・博士課程の学生とホテルで同席した際、前後を言わず「唯物論でやる」と言いました。私も実験を堅くしましょう。

それには、唯物論の御大であるマルクスを呼び出すのが効率がよいと思いました。出なければ向こうに有利、出れば、勝利の女神は私たちに微笑みます。

他県の寺で廊下の半鐘の二メートルに行って背を向けて

「この声も意味も空中に消えるが、マルクスよ、私は社会主義に反対だ。ただ、貴殿の哲学には関心がある。すべてを総体的に土台から見上げてみたい。協力を頼む」

と言い、そして去りました。

市《いち》が出ていたので、青黒い金属製の不動明王を求めたかったが、ないので、黒い木彫りを買いました。

東京に帰って長谷川邸に行き、彫刻に芯《しん》（魂）を入れてもらうことをたのむと、やってくれて、

「芯は入れてあります。後ろの炎がメラメラ赤く燃え上がっているの、見えませんか？これは不動の熱気です」

と言いました。終わると、

「いま、髪の毛と髭がライオンみたいに続いてしまっている人が視えるんだけど……どちらの神様ですか？　って訊くと、神ではなく人間だって言うの。どちらの国の人ですか？と訊くと、手で十字を書くの。キリスト教の方ですか？　と訊くと、『ナイン』と言って、十一を切って、また十を切るの。とても冷え切った所にいる」

翌日、髭の写真の出ている本、化学の元素の周期律表のメンデレーエフ、アレクサンダー・デュマ、マックス・ウェーバーなどの本を七～八冊持って行って見せると、

「これではない」

と言い、文庫本を見て、

「あっ、この人だ、わたしに視えたのは。間違いない。これはどういった人なんですか？わたしが聞いたって分からないけれど」

私は、口と歯を閉じたまま、

：　日本語は使わないでください！

と釘を刺しました。

昔近所の老人が長時間、観音経《かんのんきょう》を暗記であげていたので、私も語学を兼ねて、『資本論』はドイツ語で半ページ暗記していたので、口の中で発射しました。

「あなた、何か呪文を知っているの？　この人、なんだかね、こうやって拳骨を額《ひたい》の所へ持ってきて何遍も振って、

『ハラショーハラショーオーハラショー』

って云っているんだけど、これ、

『ハラしょうよ、ハラしょうよ、おーハラしょうよ』

っていう意味なのかなー。

『ダスカピタール、ダスカピタール』

って云っているんだけど、わたしがわたしの〝神〟の霊感でこの人を出したから、

『出すかピタール、出すかピタール』

って云っているのかしら。外国人だから、出すかピッタリって云えないのかしらね。自動車に乗って走っていても、ピタリとアタールってことなんでしょうか？

『ヤーモデカイ、ヤーモデカイ』

って云っているんだけど、何がそんなにデッカくて大きいのかなー？　分かります？」

——後に、旧約聖書を見ていたら、モルデカイというユダヤ人が出ていました。

：　確かめますが、金髪の髪の毛がこう、カールして、丸くすっとなっていて……

「そうじゃない、黒い髪と髭の人です。カールしてなくて、幼児誘拐されたヨシノブちゃんの額の横にあった十円パゲみたいに丸く剃《そ》ったみたいにはなっていません。髪の毛はご

ま塩頭みたいな長髪で、髭のほうは口の周りが黒いです。

『ヤヤヤヤヤ、ヤーヤーヤーヤーヤー』

って、やんちゃ坊主がチャンバラしているみたいね。

『ダダダダダ、ダーダーダーダーダー』

って、まるで駄々っ子がおもちゃの機関銃撃って戦争ごっこしているみたいねー。

『ヤーヤーヤーヤーヤー、ダーダーダーダーダー、ヤーダーヤーダーヤーダーヤーダー』

って、まるで女学生みたいねー。

『ハラショー、ハラショー、オーハラショー、オーチン、オーチン、ハラショー』

って、肚からそうだって証明するってことかなー」

補足すると、ヤーは、ドイツ語でＹＥＳ、ロシア語でワタシ。ダーはロシア語でＹＥＳ、ハラショーは結構、よい、オーチンハラショーはすばらしいの意です。


「この人、恰幅《かっぷく》のいい、マスコミの人だか大学の教授だかみたいな黒い背広に白いワイシャツでネクタイはしていなくて、それでわき目も振らず、ドジョウ掬いみたいの、真剣に踊っているの。歌で、〽小原庄助さん、何で身上つーぶした　って歌うでしょう？　東ドイツがダメになって、西ドイツに吸収合併されるのに関係あるのかなー。どうじょお救いくださいってことなのかなー。オーハラショーは、〝お祓いしよう〟ってことなのかなー。この人、気の毒だから、護摩焚いてあげようか？」

：　護摩焚いてあげるとどういうメリットがあるのですか？

「仏教でも神道でも、日本人も外国人も因果応報があるのです。わたしもそうですが、自分の因果だけでなく類縁《るいえん》の人、指導した後輩や、後世の人からも、今のこの人の状態へ因果応報を受けるのです。科学者でも無神論者でも、どの宗教の人でもそうなのです。後進からの悪果《あくか》の追加は防げませんが、護摩を焚くと、本人が少し楽になるのです」


この時、マルクスは、ドイツ語で何か云ったが、長谷川が聴きとれなかったのでカットすると、ちょうどその時、通訳のｂｅｉｎｇが出てきて、

「『たのみます！』」

と、大きな声で云いました。


当実験のＯＵＴＰＵＴを可能にしてくださった講談社エディトリアルの吉村弘之様、藤井玲子様に御礼申し上げます。

二〇二〇年（令和二年）二月二十二日　大安吉日

白石《しろいし》　秀行《ひでゆき》

白石 秀行 しろいし・ひでゆき

技術士（情報工学部門） 文科省科学技術庁資格（情報コンサルタント）

一九三二年東京生まれ。千葉大学文理学部で物理学、経済学、哲学を履修後、製造工業会社へ入社。勤務と平行して東京都立大学理学部数学科に学士入学。応用数学、人工知能、理論物理学を学習研究。一九六四～九二年大手コンピューター会社に勤務。一九六四年東京オリンピック大会競技技術員、一九七四～八〇年北里大学医学部非常勤講師として、脳とコンピューター、医学のためのコンピューター応用について教鞭をとる。二〇〇〇年前後に東京工業大学大学院にて脳システム、人工知能、バーチャルワールド等の知識更新。

著書に『超特別脳長谷川わかの霊視検証』『超脳霊視聴 忠臣蔵 松の廊下（上）（下）』（たま出版）、『ダ・ヴィンチ キリスト ソクラテス出現スピーク』（講談社エディトリアル）など。論文に「自動化機械制御システム開発」「企業意思決定システム」「地震対策1977」など多数。

令夫人《モンナ》・リーザ 大石内蔵助《おおいしくらのすけ》
出現《しゅつげん》スピーク
via《ヴィア》 世《よ》にも珍《めずら》しい長谷川《はせがわ》わか

二〇二〇年三月一四日 第一刷発行

著者 白石《しろいし》 秀行《ひでゆき》
発行者 堺 公江
発行所 株式会社講談社エディトリアル
郵便番号 一一二-〇〇一三
東京都文京区音羽 一-一七-一八 護国寺SIAビル六階
電話 代表：〇三-五三一九-二一七一
販売：〇三-六九〇二-一〇二二
印刷・製本 豊国印刷株式会社

定価はカバーに表示してあります。

ISBN978-4-86677-061-1